HERDER / SPEKTRUM *MEISTERDENKER*

D1918000

HERDER / SPEKTRUM

Das Buch

Keiner der alten philosophischen Klassiker hat unsere heutige Wissenschaft so sehr geprägt wie Aristoteles (384–322 v. Chr.). Er hat nicht nur das Wissen seiner Zeit in ganzer Ausdehnung gedanklich umspannt und systematisiert, sondern es auf allen Feldern weit über sich hinausgetrieben. Durch empirisch genaue Würdigung der Phänomene und methodisch strenge Suche nach den jeweiligen Prinzipien hat er auf vorbildliche Weise versucht „zu sagen, was ist". Selbst unsere Logik, die Art, wie wir Definitionen aufstellen und Beweise führen, sowie die Kategorien, in denen wir noch heute die Wirklichkeit beschreiben, etwa Substanz, Qualität, Quantität, Relation – Aristoteles hat sie begründet und als erster wissenschaftlichen Gebrauch davon gemacht. Im Mittelpunkt der aristotelischen Philosophie steht die rein wahrheitsinteressierte *Theoria* des Wirklichen, deren Gesamtgestalt sich am Leitfaden von vier Arten der Ursache artikuliert: Materie und Form, Ursprung von Bewegung und ihre Vollendung im Ziel. Davon ausgehend macht Thomas Buchheim deutlich, daß Aristoteles nicht nur für die Einzelwissenschaften (von der Physik bis zur Psychologie) entscheidende Impulse gegeben hat, sondern daß er sie zu einer locker gefügten Gesamtarchitektonik des Wirklichen zu vereinigen versteht, die mit unserem Weltbild des gesunden Menschenverstands noch vieles gemein hat. Insgesamt hängt dieses System ab von Gott als dem Ersten Beweger, der als reine Tätigkeit gedacht werden muß. In diesem Weltgefüge streben die Menschen, deren in Gemeinschaft wurzelnde Rationalität ihnen verschiedene Alternativen des Handelns eröffnet, nach Glück, für das sie miteinander wettstreiten und Verständigung suchen über das, was die „rechte Mitte" und das eigentliche Gut der menschlichen Existenz ist. Mit seinen Theorien des Handelns und der Tugenden, des öffentlichen Redens und der Dichtung hat Aristoteles auch die praktische Philosophie und das Denken des Menschen über sich selbst bis heute nachhaltig bestimmt.

Der Autor

Thomas Buchheim ist Ordinarius für Philosophie in München. Autor zahlreicher Bücher und Aufsätze u.a. zur antiken und idealistischen Philosophie, sowie zur Freiheitstheorie; Editor kommentierter Werkausgaben von Gorgias, Aristoteles und Schelling.

Thomas Buchheim

Aristoteles

Herder
Freiburg · Basel · Wien

Originalausgabe

Alle Rechte vorbehalten – Printed in Germany
© Verlag Herder, Freiburg im Breisgau
Genehmigte Lizenzausgabe Panorama Verlag, Wiesbaden
Lektorat: Lukas Trabert
Satz: DTP-Studio Helmut Quilitz, Denzlingen
Druck und Bindung: GGP Media GmbH, Pößneck
Umschlaggestaltung: Joseph Pölzelbauer

ISBN 3-926642-49-1

Inhalt

Vorwort

Dieses Buch möchte die Kerngedanken der aristotelischen Philosophie auf eine möglichst gemeinverständliche Weise interessierten Lesern aller Couleur und wissenschaftlichen Disziplinen nahebringen. Es gibt viele gute Einführungen in das Werk des Aristoteles, aber kaum eine, die sich ganz entschieden auf »das Philosophische« an Aristoteles beschränkt und für eine in dieser Hinsicht nichts nachlassende Erklärung lieber auf Vollständigkeit des vermittelten Panoramas aristotelischer Positionen und Weltanschauungen Verzicht tut.

Die Auswahl und Präsentation des Stoffes folgt im wesentlichen der systematischen Einteilung der Wissenschaften, die Aristoteles selbst ihnen gegeben und methodisch begründet hat. Die jeweils einschlägigen Werktitel werden in den Überschriften genannt und um den thematischen Gesichtspunkt ergänzt, dem das betreffende Werk gewidmet ist. So ergibt sich eine Folge von vier Themenkomplexen: beginnend mit dem »Organon«, d. h. dem logischen Rüstzeug zur Wissenschaft, über die theoretischen Wissenschaften selbst als dem reichhaltigsten Komplex im Denken des Aristoteles weiter zur praktischen Philosophie und schließlich zu den hervorbringenden Künsten.

Logik, Metaphysik und Wissenschaftstheorie des Aristoteles entfalten zum Teil sehr schwierige Gedankengänge, auf die selbst in einer Einführung nicht ganz verzichtet werden kann, will sie einen philosophischen Akzent behalten und die in diesem Sinne wichtigsten Ansätze und Thesen des Aristoteles nicht nur nennen, sondern ihre jeweilige Pointe einsichtig machen. Dabei ist es zum

Verständnis der aristotelischen Denkbewegung im Ganzen nicht notwendig, die anspruchsvolleren Passagen in allen Einzelheiten zu verstehen. Vielmehr können sie auch nur kursorisch zu Kenntnis genommen werden, wenn Leser sich mehr für andere Bereiche des wahrhaft enzyklopädischen aristotelischen Denkens interessieren.

Neben der angestrebten größtmöglichen Verständlichkeit der gegebenen Erklärungen – die natürlich in vielen Punkten anfechtbar oder umstritten sind und bleiben müssen – wird besonderer Wert auf die Anführung passender Belegtexte aus dem weitgespannten Œuvre gelegt, damit der Leser doch einen gewissen Vergleich zwischen Original und Erklärung anstellen kann.

Was die Übersetzungen anbelangt, so wurde auf möglichste Schlichtheit des Ausdrucks bei größter Nähe zum griechischen Originaltext geachtet. Aristoteles gehört zu den philosophischen Autoren, die sich bis zur Kargheit einfach, aber dafür klar haben ausdrücken wollen, was dennoch – in den Verwicklungen der Sache selbst – oft zu fast unleserlichen, für unser Verständnis höchst spröde bleibenden Aussagen geführt hat.

Das Literaturverzeichnis soll vor allem für nicht wissenschaftlich befaßte Leser Hinweise auf gut lesbare, zu den einzelnen Themen weiterführende Bücher und Artikel geben. Deshalb wurde darauf verzichtet, den neuesten Forschungsstand in der Bibliographie wiederzugeben (der heute meist durch angelsächsische Beiträge repräsentiert wird). Statt dessen wurde manchmal auch ältere, aber möglichst deutschsprachige oder übersetzte Literatur aufgeführt, sofern man sie guten Gewissens auch heute noch zur näheren Information nutzen kann, ohne auf Abwege zu geraten. Die generell einführenden und die zur allgemeinen Orientierung über einen Themenbereich der aristotelischen Philosophie empfohlenen Werke werden kurz charakterisiert, und es wird auf besondere Stärken oder Schwächen hingewiesen.

Viele der hier eingeflossenen Erkenntnisse und Thesen zur Philosophie des Aristoteles entstanden im Zusammenhang mit einem von der *Deutschen Forschungsgemeinschaft* geförderten Projekt zum aristotelischen Begriff der *Natur als Begründung des Objektiven* und Wahren in unserem Wissen. Den Mitarbeitern in diesem Projekt, Dr. Johannes Hübner und Dr. Richard King, gilt für ihre Beiträge zu diesen Erkenntnissen mein besonderer Dank. Außerdem danke ich Frau Annekatrin Gebauer M. A. für ihre Vorschläge und Mitarbeit während der Entstehung des Manuskripts und für die Hilfe bei der Erstellung von Bibliographie und Index.

I. Biographie und allgemeine Charakterisierung der Werke

Aristoteles erfreut sich keiner allzu günstigen Beurteilung in der biographischen Überlieferung (s. dazu Düring 1957). Im Gegenteil, viele Berichte sprechen von sittlicher Verdorbenheit *(asōtia)*, von Geschichten mit seiner Sklavin Herpyllis, von Arroganz und spöttischem Witz im Umgang mit anderen und einem gewissen Dandytum. Ein eher schmächtiger Mensch mit dünnen Beinen, schnarrender Stimme, aber fast überpflegtem Äußeren: gestutztem Bart, Stöckchen in der Hand und vielen Ringen an den Fingern. – Was daran ist, wissen wir nicht.

Doch wissen wir von einigem Grund zu übler Nachrede im Leben des Aristoteles: erstens seine nordgriechische, d. h. Makedonien-nahe Herkunft und die vielfachen Beziehungen zum makedonischen Herrscherhaus, das während seines Lebens zur Hegemonie über Griechenland gelangt und zu einer regelrechten Besatzungsmacht Athens wird; zweitens sein inniges, aber kritisches Verhältnis zur platonischen Akademie und die ihm vermutlich von manchen geneidete Freundschaft mit dem alten Platon selbst; drittens seine Verteidigung der Lust als zentrales Element der Ethik (siehe z. B. NE X, 1–5) und der sogar für Philosophen unumgänglichen Notwendigkeit äußerer Güter zum Glück (siehe z. B. NE I, 9–12), die ihm die Feindschaft Epikurs und seiner Schule eintrug. Denn dieser meinte im Gegenteil, daß der philosophisch geübte Lustverzicht und die möglichst schmerz- und lustfreie „Seelenruhe“ das höchste Glück für den Menschen sei. Dennoch hat man Epikur (und dies vielleicht sogar aus Kreisen der Aristotelesschüler) Sittenverderbnis und ungezügeltes Luststreben zum Vorwurf gemacht, so daß er mit seiner ungerechten Polemik gegen Aristoteles womöglich nur zum Gegenangriff überging, der allerdings dem Aristoteles noch posthum großen Schaden zufügte. Für eine Beurteilung der Sittenstärke des Aristoteles können wir uns vorderhand an den etwas biederen Hymnus auf die Tugend halten, den Aristoteles verfaßt hat:

> „Tugend, du viele Mühen bergende fürs sterbliche Geschlecht, du schönste Beute eines Lebens – um deine Gestalt, o Jungfrau, nimmt ein Geschick in Griechenland bereitwillig sogar den Tod auf sich – usw." (Fragmenta selecta, S. 147)

Die wissenschaftliche Karriere des Aristoteles läßt sich unschwer in drei Phasen einteilen: die erste Athener Periode an der Akademie, dann die auswärtigen Jahre der Forschung und schließlich die Rückkehr nach Athen und Lehre im Lykeion; dem vorangestellt wird ein Abschnitt über die Kindheit und Familienverhältnisse des Aristoteles, soweit sie uns bekannt sind.

(1) Kindheit und Familie. Aristoteles ist 384 v. Chr. in Stageira (in der Nähe des heutigen Thessaloniki) geboren als Sohn von Nikomachos, einem Leibarzt des Makedonenkönigs Amyntas III. Auch seine Mutter mit Namen Phaestis entstammte einer Arztfamilie aus Chalkis auf der Insel Euboia. Er hatte eine Schwester, Arimneste, und einen Bruder, Arimnestos, über die sonst wenig bekannt ist. Der Gedanke liegt nahe, daß Aristoteles von Kindesbeinen an mit ärztlicher Kunst und der mit ihr verbundenen Atmosphäre von Wissenschaft und Bildung vertraut gemacht wurde. Die Medizin war damals die Wissenschaft par excellence und ist vor allem in den Beispielen, die Aristoteles in seinen Werken verwendet, beständig gegenwärtig.

Nach dem relativ frühen Tod seines Vaters bekommt Aristoteles einen gewissen Proxenos aus Atarneus (einer Stadt in Mysien an der kleinasiatischen Küste) zum Vormund, der aller Wahrscheinlichkeit nach bereits Beziehungen zum dortigen, makedonenfreundlichen Machthaber Hermias hatte. Jedenfalls wird dieser Fürst Aristoteles nach seinem ersten Weggang aus Athen (347) für einige Jahre eine wissenschaftliche Zuflucht in Assos gewähren, einer der Insel Lesbos gegenüberliegenden Stadt seines Landes. Das läßt vermuten, daß sie sich vielleicht bereits kannten. Außerdem ist ihr späteres Verhältnis mehr als herzlich und freundschaftlich zu nennen. Denn Aristoteles heiratet nach dem Tod des Hermias (341) seine Schwester (oder Nichte) Pythias und verfaßt sogar ein Epigramm, in dem er den hinterhältigen Mord an Hermias beklagt (Fragmenta selecta, S. 146 f.).

Mit Pythias hat Aristoteles eine um 335 geborene Tochter gleichen Namens, die laut seinem bei Diogenes Laertios überlieferten letzten Willen nach ihrer Volljährigkeit Nikanor, den Sohn seiner Schwester und seines eigenen ehemaligen Vormunds heiraten sollte. Außerdem hat Aristoteles einen Sohn mit Namen Nikomachos, von dem manche Quellen behaupten, er sei nicht der Sohn seiner Frau gewesen, sondern von jener bereits erwähnten Sklavin Herpyllis. Wie immer es sich damit verhalten mag, das Testament des Aristoteles verrät einen sehr familienorientierten, auf seine Freunde und das ganze Haus einschließlich der Sklaven höchst umsichtig bedachten Mann: den Kindern werden Vormünder bestellt, der Tochter der Mann bestimmt, die Sklaven sollen freigelassen werden; für die – zumal nach dem Tod seiner Frau – offenbar hochgeschätzte Herpyllis wird materielle Vorsorge getroffen, und sie darf sich aussuchen, in welchem Haus (Stageira oder Chalkis) sie künftig leben möchte. Aristoteles aber wünscht für sich selbst ausdrücklich, dem früher erklärten Willen seiner Frau zu entsprechen und neben Pythias bestattet zu werden. Testamentsvollstrekker soll sein Freund, der einflußreiche makedonische General und Politiker Antipatros sein. Das alles zeigt sittlich recht festgefügte Verhältnisse, um nicht zu sagen einen familiären Klüngel an, zu dem Aristoteles sich nicht wider Willen bekannt zu haben scheint.

(2) An der Akademie in Athen. Mit siebzehn Jahren tritt Aristoteles 367 in die Akademie Platons ein, der zu dieser Zeit gerade

seine zweite (367–364) und nicht allzu lange danach auch seine dritte sizilische Reise (361–359) unternimmt. Das bedeutet, daß Aristoteles keineswegs nur bei Platon studiert hat, sondern auch bei anderen, sehr bedeutenden Mitgliedern der Akademie. Zu nennen sind in diesem Zusammenhang besonders der Mathematiker und Astronom Eudoxos von Knidos, der Naturforscher und Historiker Herakleides Pontikos und natürlich die bekannten Altakademiker, Speusippos und Xenokrates, die in dieser Folge später zu Nachfolgern Platons als Schulhäupter gewählt werden.

Den wissenschaftlichen Diskurs an der Akademie darf man sich durchaus als lebhaft, ja in vielen Fragen auch als kontrovers vorstellen, sonst hätte sich Aristoteles, der schon früh vernehmliche Kritik an den Lehren Platons und anderer geübt haben muß, dort kaum halten können. Es dürfte sich bei der Gemeinschaft der Akademie (anders als etwa beim »Garten« Epikurs) eher nur um eine gemeinsame Wirkungsstätte gehandelt haben, in der man zusammenlebte, als um eine unisono vertretene Lehre und verbindliche Dogmen, auch wenn Platons Gedanken und Dialoge selbstverständlich orientierende Vorgaben und thematische Ausgangspunkte waren.

Trotz der vielen Kritik und geradezu Lust an der Abweichung von den Lehren des hochangesehenen Schulhaupts verbindet Aristoteles mit dem gut 40 Jahre älteren Platon offenbar eine veritable und aufrichtig empfundene Freundschaft. Das geflügelte Wort »Plato amicus, magis amica veritas« (Platon ist mir ein Freund, doch noch mehr freund muß mir die Wahrheit sein) ist die treffende Zusammenfassung einer Passage aus der ‚Nikomachischen Ethik' (I 3. 1096a 14–23), in der Aristoteles mit einem entschuldigenden Seitenblick auf (den längst verstorbenen) Platon die mögliche Einheit des Begriffs des Guten – das zentrale Lehrstück seines früheren Freundes – bestreitet. Außerdem besitzen wir von Aristoteles so etwas wie einen Weihegesang an die Freundschaft, in dem Platon gepriesen wird als

„der einzige oder erste der Sterblichen, der durch sein eigenes Leben und die Methode seiner Worte deutlich machte, wie der tugendhafte zugleich ein glücklicher Mensch wird“ (Fragmenta selecta, S. 146).

Aristoteles beginnt schon recht bald, vielleicht Mitte der Zwanzig, eine eigene Lehrtätigkeit zu bestimmten Bereichen an der Akademie aufzunehmen. Die aristotelische Dialektik (abgehandelt in der ‚Topik‘) und Rhetorik, aber auch Naturphilosophie (‚Physik‘) und Ontologie (‚Kategorienschrift‘, etwas später auch Teile der ‚Metaphysik‘) dürften solche recht früh begonnenen wissenschaftlichen Unternehmungen gewesen sein. Außerdem verfaßt er, wie andere Akademiker auch, Schriften, insbesondere Dialoge, in denen Lehrgebiete und kontroverse Themen aus der Akademie gemeinverständlich dargestellt und verteidigt wurden (sog. »exoterische« Schriften; s. dazu Aristoteles selbst EE I 8. 1217b 22f.).

Alle exoterischen Schriften, die Aristoteles im Laufe der Jahre herausbrachte, sind bis auf wenige Fragmente und in ihrer Authentizität oft fragwürdige Zitate verlorengegangen. Auf sie wird sich die Bemerkung Ciceros vor allem bezogen haben, der den „goldenen Fluß der Rede“ des Aristoteles preist (s. ‚Lucullus‘ 38, 119). Denn die überlieferten wissenschaftlichen Abhandlungen, die wir heute von Aristoteles besitzen, lesen sich zumeist nicht so, sondern verfolgen ihr Ziel in einem rein argumentativen, viele Seitenwege einschlagenden und Einwände berücksichtigenden Stil, für den trockene, ja sperrige und immer wiederkehrende Ausdrucksweisen charakteristisch sind. Sie waren eben in dieser Form nicht für das allgemeine Publikum bestimmt, sondern langsam anwachsende, oft umformulierte oder ergänzte, für die Zwecke des Schulbetriebs zugrundegelegte, aber mündlicher Erläuterung bedürftige wissenschaftliche Unternehmungen des Aristoteles. Die Bezeichnung, die Aristoteles selbst für sie geprägt hat, lautet »*Pragmatien*«. Eine Pragmatie ist eine begründbar zusammengehörige, methodisch durchgeführte »Behandlung« eines wissenschaftlichen Themas; gemeint ist mit dem Wort nicht die zu Papier gebrachte Darstellung, sondern das wissenschaftliche Unternehmen selbst, dessen Ausdruck sie ist.

Aristoteles also beginnt einige seiner Pragmatien schon früh im Rahmen seiner akademischen Lehrtätigkeit, insbesondere, wie man annimmt, die im weitesten Sinne logischen und allgemein naturphilosophischen Untersuchungen. Das bedeutet aber aus dem erklärten Grund nicht immer und nicht unbedingt, daß die zugehörigen Werke, wie wir sie heute besitzen, in dieser frühen Zeit vollständig abgefaßt wurden. Eine Ausnahme davon bildet am ehesten die ‚Topik', die auch in manchen ihrer Formulierungsweisen das ambitionierte Auftreten eines jungen und noch wenig bekannten Mannes verrät, der in seinen Vorlesungen weitgesteckte Ziele in Angriff nimmt und auch erreicht zu haben meint (vgl. z. B. T IX 34. 183a37–184b8).

Für die Biographie des Aristoteles nicht unwesentlich scheint besonders eine der exoterischen Schriften gewesen zu sein, nämlich der ‚Protreptikos', aus dem wir durch einen spätantiken Autor namens Jamblichos größere Auszüge besitzen. Der ‚Protreptikos' wirbt für eine »Hinwendung« zur Philosophie in ihrem theoretischen, d. h. höchsten und rein akademischen Sinne des Worts und wendet sich damit zugleich kritisch gegen eine Dominanz vordergründigen Nützlichkeitsdenkens in der Wissenschaft, wie sie von der konkurrierenden Philosophieschule des Redners Isokrates damals gefordert und vertreten wurde (s. ‚Protreptikos', B 42). Isokrates scheint auf solche öffentlichen Einwürfe eines neuen Mannes an der Akademie seinerseits eine Werbe- und Rechtfertigungsschrift verfaßt zu haben, die sogenannte Antidosis-Rede (vgl. dort z. B. 84–86 und 285), mit der er im Jahr 354 seinen rhetorisch geprägten und auf den unmittelbaren praktischen Nutzen gerichteten Philosophiebegriff in einer dezidiert antiplatonischen Linie verteidigt. Ob der ‚Protreptikos' vorher oder nachher, d. h. als Reaktion der Akademie abgefaßt ist, wissen wir zwar nicht genau, aber sichtbar ist an diesem Beispiel jedenfalls, daß sich Aristoteles auf gewisse öffentliche Auseinandersetzungen einließ und so auch durchaus sowohl interne wie externe Gegnerschaften auf sich ziehen oder intensivieren konnte. So stand z. B. der berühmte Redner und Anführer der antimakedonischen Partei in Athen, Demosthenes, der Schule des Isokrates nahe, und überhaupt war Isokrates selbst eine in hohem Ansehen stehende öffentliche Figur in Athen, so daß diese Publikation eines »jungen, schnöseligen und zudem makedonisch gesteuerten Metöken« – wie man Aristoteles herabwürdigend hätte charakterisieren können (Metöke heißt eigentlich »Mitbewohner« und ist in etwa das, was man auf bayerisch einen »Zugroasten« nennen würde) – vielleicht sogar für das Ansehen der Akademie, gewiß aber für Aristoteles selbst nicht nur Vorteile einbrachte.

(3) Auswärtige Jahre der Forschung. 20 Jahre lang kann Aristoteles an der Akademie in Athen zunächst studieren und dann lehren. Nach dem Fall der neuerdings mit Athen verbündeten und vorher von Makedonien abtrünnigen nordgriechischen Stadt Olynth (348) unter den Angriffen Philipps II., gegen den Demosthenes wenig früher seine erste sogenannte Philippika gehalten hatte, werden die antimakedonischen Ressentiments in Athen immer stärker und richten sich offenbar auch gegen Aristoteles, der ja keine Staatsbürgerschaft besitzt, sondern nur ein geduldeter, aber doch immer pro-makedonischer Ansichten verdächtigter Metöke ist.

Nachdem im Jahr 347 Platon gestorben war – der als jemand, dem in Athen ungeteilte Verehrung entgegengebracht wurde, bis dahin vielleicht seine schützende Hand über ihn halten konnte – muß Aristoteles Athen verlassen und findet in Assos Zuflucht und Unterstützung bei dem früher schon erwähnten Fürsten Hermias. Hier treibt er für einige Jahre seine, wie man annimmt, vor allem biologisch interessierte Erforschung der in diesen Breiten sowohl im Meer als auch zu Lande besonders vielfältigen Tier- und Pflanzenwelt. Mit dem damals empirisch gesammelten Material legt er den Grundstock zu den späteren, wahrscheinlich erst im Anschluß an seine Rückkehr nach Athen allmählich in die vorliegende Gestalt gebrachten biologischen und tierkundlichen Pragmatien, die in ihrer philosophischen Relevanz für Aristoteles kaum überschätzt werden können (vgl. etwa Randall 1960: 126 ff.; 166 ff.; 220 ff.; und Kullmann 1998: passim). Mit ihnen begründet er nicht nur die Biologie als eigenständige Wissenschaft und unterteilt sie in verschiedene Einzeldisziplinen wie ‚Allgemeine Tierkunde' (unter diesem Titel), vergleichende Morphologie (‚Über die Teile der Tiere') und Fortpflanzungslehre (‚Über die Zeugung der Tiere'). Sondern es ist zudem deutlich, daß der Begriff und die Seinsweise des *Lebendigen* in allen philosophischen Hauptschriften des Aristoteles (in der ‚Physik' und ‚Metaphysik', in ‚Über die Seele' und ‚Über Werden und Vergehen', aber auch in Schriften der praktischen Philosophie wie der ‚Nikomachischen Ethik' und der ‚Politik') den Ausgangspunkt oder sogar ein zentrales Erkenntnisziel der philosophischen Gedankenführung bilden und daß insbesondere der von Aristoteles geprägte Begriff der *Substanz*, d.h. des vollendet Wirklichen, durch den des Lebendigen nahezu erschöpfend bestimmt wird.

In Assos oder auf der nahe gelegenen Insel Lesbos gewinnt Aristoteles auch Theophrast (371–287) zum Freund, seinen wichtigsten Schüler, langjährigen Mitarbeiter und Kollegen an der später gemeinsam gegründeten Wissenschaftsinstitution im Athener Lykeion. Theophrast, der selbst aus Eresos, einem Ort auf der Insel Lesbos stammt, begleitet ihn von da an und hat wohl schon in diesen Jahren in Assos und Mytilene mit ihm zusammen geforscht und Materialien gesammelt.

Etwa 343 wird Aristoteles von Philipp II. für drei Jahre mit der Aufsicht über die Erziehung seines damals dreizehnjährigen Sohnes Alexander beauftragt, der später Alexander der Große genannt werden sollte. Das hat natürlich zu vielen Legenden und Spekulationen über das Verhältnis von Aristoteles und Alexander Anlaß gegeben. Vertrauenswürdig ist die recht allgemeine Nachricht, Aristoteles habe in Alexander erst Liebe und Respekt für die griechische Literatur und Philosophie geweckt; insbesondere für die Epen Homers und in ihnen für den Held Achilleus, den Alexander sich zum bewunderten Vorbild machte. Aristoteles soll ihm eine Abschrift der ‚Ilias' haben anfertigen lassen, die Alexander auf seinen Feldzügen immer bei sich tragen konnte. Plutarch erzählt in der ‚Lebensgeschichte Alexanders', daß dieser über seinen philosophischen Erzieher gemeint habe:

> „Durch den Vater lebe ich, aber durch Aristoteles lebe ich auf schöne und rechte Weise." (Düring 1957, S. 285)

So gut aristotelisch das klingt (vgl. PL I 2. 1253b 29f.), so dürfte doch so viel Eintracht zwischen Alexander und Aristoteles eher eine wohlmeinende Erfindung sein als historische Tatsache. Gerade auf politischem und ethischem Feld scheinen Aristoteles und Alexander recht verschiedene Ansichten gehabt zu haben. Gleichwohl war der König dem Philosophen im Ganzen wohlgesonnen und unterstützte ihn später mit Geldern und auch mit Forschungsmaterial (vor allem seltenen Mineralien), das er oder Mitglieder seines Trosses auf den weiten Feldzügen ausfindig machten.

Einer der Gelehrten, die Alexander auf seinen Feldzügen begleiteten, war der Historiograph Kallisthenes, ein Großneffe und Schüler des Aristoteles. Mit ihm zusammen hatte Aristoteles einige Jahre zuvor, wahrscheinlich nach Philipps endgültigem Sieg über die Griechen bei Chaironeia (338) und dem Korinther Friedenschluß, den ehrenvollen und pangriechisch öffentlichkeitswirksamen Auftrag erhalten, eine vollständige Liste der Sieger bei den Pythischen Spielen zu erstellen. Nach Abschluß dieser bedeutenden historischen Arbeit bekamen sie dafür das Ehrendekret der »Amphiktyonen« (d.i. der Name für die traditionelle Kultgemeinschaft und Eidgenossenschaft der griechischen Stämme mit Sitz in Delphi). Es war dies übrigens nicht die einzige historische Arbeit des Aristoteles, sondern berühmt ist z.B. seine 158 Stücke umfassende Sammlung griechischer Staatsverfassungen, von der nur das Bruchstück ‚Über die Verfassung der Athener' auf Papyrus Ende des 19. Jahrhunderts gefunden wurde. Die zuvor genannte Ehrung durch die delphische Amphiktyonie wird Aristoteles am Ende seines Lebens und im Zusammenhang mit dem antimakedonischen Aufruhr in Athen beim Tod Alexanders wieder aberkannt. Man darf davon ausgehen, daß Aristoteles spätestens zum Zeitpunkt der Auszeichnung eine in ganz Griechenland bekannte öffentliche Figur und Wissenschaftlerpersönlichkeit gewesen ist.

(4) Lehre im Lykeion und Entwicklung der Schule. Nach der Zerstörung Thebens als dem hauptsächlichen Zentrum des Widerstands gegen die makedonische Besatzungspolitik durch Alexander und Antipatros und der damit verbundenen Schwächung der antimakedonischen Partei in Athen kehrt Aristoteles Ende 335 in diese Stadt zurück. Die Verbindungen zur Akademie scheinen inzwischen gelockert zu sein (er wurde trotz eines entsprechenden Vorschlags 338 nicht zum Nachfolger des Speusippos als Schulhaupt gewählt, sondern Xenokrates, ein älteres Mitglied der Akademie). Deshalb lehrt Aristoteles nun (zusammen mit Theophrast und anderen) in einem ihm wohl auf Betreiben seines Freundes Antipatros zur Verfügung gestellten öffentlichen Gymnasium, dem Lykeion am Fuß des Hügels Lykabettos.

Hier bildet sich im Lauf der nächsten Jahre ein neues Wissenschafts- und Studienzentrum neben der Akademie heraus, das nach dem Tod des Aristoteles bereits unter seinem Nachfolger Theophrast den Höhepunkt seiner Entwicklung mit angeblich bis zu 2000 Studenten erreicht. Zur förmlichen Schulgründung als *Peripatos* (der Name drückt das »Umherwandeln« bei der wissenschaftlichen Disputation aus) kommt es zwar zu Lebzeiten des Aristoteles nicht mehr. Denn Aristoteles darf – als Metöke, der er war und blieb – keinen Grundbesitz in Athen erwerben. Erst Theophrast gelingt es im Jahr 318 durch die Fürsprache eines politisch einflußreichen ehemaligen Schulmitglieds, des damaligen Stadtregenten Demetrios von Phaleron, dafür eine Ausnahmegenehmigung zu bekommen. Dennoch etabliert sich das Lykeion während der restlichen 13 Athener Jahre des Aristoteles als eine neue wichtige Lehrstätte für sämtliche Wissenschaften mit einem Ruf, der in alle Teile Griechenlands und darüber hinaus dringt.

Aristoteles, der schon lange Bücher sammelte und in der biographischen Überlieferung bisweilen unter der Bezeichnung »der Leser« firmiert, betreibt mit besonderem Nachdruck den Aufbau einer großen Bibliothek, die später das Vorbild für die Bibliothek von Alexandrien wird. Außerdem hat er sich neben dem Lehrbetrieb vermutlich mit der sukzessiven Ausarbeitung und Vervollständigung seiner Pragmatien befaßt, die auf diese Weise allmählich doch eine für andere lesbare und zumindest zum Teil endgültige und veröffentlichungsreife Form erhalten sollten (s. dazu Verdenius 1985). Mit diesem Prozeß scheint Aristoteles nicht mehr fertig geworden zu sein, und er ist auch in den verschiedenen Wissenschaftsunternehmen verschieden weit gediehen: weiter z.B. in der Naturwissenschaft, etwa der ‚Physik' oder der Pragmatie ‚Über die Seele', weniger weit in der „Ersten Philosophie", die später den Titel ‚Metaphysik' erhielt.

Im Jahr 323 kommt es nach dem Tod Alexanders und angesichts der dadurch verursachten, vorübergehenden Schwäche der makedonischen Herrschaft zum Aufruhr in Athen. Demosthenes wird aus der Verbannung zurückgeholt und wieder zum Anführer der antimakedonischen Partei in Athen gemacht. Der Zorn scheint sich erneut auch gegen den inzwischen hochberühmten Aristoteles gekehrt zu haben. Nach einigen Nachrichten (s. Düring 1957: 341 f.) wird er mit einer letztlich politisch motivierten Klage überzogen, die den gegen Wissenschaftler bereits bewährten Vorwurf der öffentlichen Untergrabung der Götterverehrung (Asebie) erhebt. Aristoteles soll sich dem zu Beginn des Jahres 322 mit der Äußerung entzogen haben, er wolle den Athenern nicht ein zweites Mal Gelegenheit geben, sich an der Philosophie zu versündigen. – Er spielte damit auf eine ähnlich begründete Anklage gegen Sokrates und dessen nachfolgende Hinrichtung zu Anfang des

Jahrhunderts an. Für die letzten Monate seines Lebens zieht sich Aristoteles zurück in das Haus seiner Mutter in Chalkis auf Euboia, wo er im Oktober 62jährig stirbt.

Sein Nachfolger Theophrast erlebt neben dem kurzen Höhepunkt der Schulentwicklung am Ende seines Lebens bereits einen gewissen Niedergang des *Peripatos.* Dies dürfte vor allem daran gelegen haben, daß der Wert der *theōria*, d.h. der reinen wissenschaftlichen Betrachtung des Wirklichen um des bloßen Wissens willen – das Hauptanliegen der Philosophie des Aristoteles – keine Anerkennung mehr findet. Alle anderen Philosophieschulen in Athen, sowohl der Pyrrhonismus als auch der Epikureismus und die Stoa und sogar die skeptisch reformierte Akademie weisen der Philosophie als höchstes Ziel die Aufgabe an, dem individuellen Leben zur Glückseligkeit *(eudaimonia)* zu verhelfen; das gesamte Erkenntnisstreben des Menschen wird infolgedessen zu einer Funktion dieses Zieles herabgestimmt. Aus der Erkenntnis um ihrer selbst willen, die das menschliche Leben transzendiert, wird in dem neudefinierten Interesse die Erkenntnis um des menschlichen Glückes willen, das auf diese Weise den letzten Horizont aller philosophischen Bemühungen bildet. Angesichts dieser Entwicklung des allgemeinen Bewußtsein verläuft sich der *Peripatos* in die einzelwissenschaftliche Verfolgung biologischer, medizinischer, physiologischer, auch logischer, historischer und doxographischer Detailforschung. Die da und dort wohl angesammelten Lehrschriften des Aristoteles – also die Pragmatien – geraten bis zu der durch die Ausgabe des Andronikos von Rhodos eingeleiteten Aristoteles-Renaissance nach Mitte des 1. Jahrhunderts v. Chr. in unverdiente Vergessenheit (die Berichte von Verschwinden und Wiederentdeckung eines Teiles seiner nachgelassenen Manuskripte in einem Keller der Stadt Skepsis in der Troas müssen nicht falsch sein, erklären aber gewiß nicht das Desinteresse an aristotelischer Philosophie); nur weniges wurde bis dahin ediert oder in Bibliotheken öffentlich zugänglich gemacht und benutzt (für Genaueres dazu s. Moraux 1973).

So ist die unmittelbare Wirkung und Fortsetzung der aristotelischen Philosophie schwer faßbar und für Jahrhunderte mehr untergründig als manifest. Als Aristoteles wieder auftaucht und breit rezipiert und vor allem kommentiert wird, ist er bereits einer der fernen und alten Klassiker, mehr selbst ein *Gegenstand* der gelehrten Betrachtung als ein Wissenschaftler, der in seiner Art und Weise, die Wirklichkeit zu betrachten, führend ist. Das führt zu einer Verkrustung in den Wissenschaften selbst, soweit sie sich später und immer mehr auf Aristoteles berufen. Bis hin zu Thomas von Aquin findet sich eigentlich niemand, der die aristotelische Philosophie zu einem Instrument neuen Denkens macht.

Die Tradition des Platonismus ist demgegenüber ganz anders verfaßt. Die Schule Platons bestand trotz tiefgehender Wandlungen fort, und der Platonismus hat auch danach immer wieder neue Blüten hervorgebracht.

Der übergroße Respekt, den »der Philosoph« Aristoteles sowohl in der arabischen wie der späteren lateinischen Tradition genießt, hat seinen Lehren deshalb auch Schaden zugefügt. Seine zeitweilige Dominanz erschöpft sich so lange in einer bloßen Weiterreichung ursprünglicher Erkenntnisse, bis sie, endgültig unhaltbar geworden, von der entstehenden Naturwissenschaft der Neuzeit in Bausch und Bogen verworfen und in ihrem ganzen, auch philosophischen Umfang niedergerissen werden.

Die Philosophie des Aristoteles im engeren Sinne des Worts und viele seiner Erkenntnisse zur Seele, zum Lebens- und Naturbegriff, zur Bewegung und Zeit, zur Logik und Wissenschaftstheorie, aber auch zur Ethik, Politik und sogar Dichtungstheorie haben dies, wie heute wieder weithin anerkannt wird, keineswegs verdient (für eine schöne Ehrenrettung des Aristoteles in bezug auf die Naturwissenschaft s. Randall 1960: bes. 165 ff. und 219 ff.), sondern erlauben unmittelbar die Anknüpfung und Förderung einer wissenschaftlichen oder wenigstens vernünftig zu rechtfertigenden Sicht auf viele Bereiche der uns umgebenden und uns ausmachenden Realität.

Ein Überblick über die erhaltenen Pragmatien und eine Auswahl verlorener Dialoge und sonstiger Schriften oder Sammlungen vermitteln ein eindrucksvolles Bild von der wissenschaftlich umfassenden Statur und Größe des aristotelischen Werks. Zu unterscheiden ist nach Aristoteles zwischen theoretischen, praktischen und hervorbringenden Wissenschaften; zudem gibt es einige logisch-methodische oder metawissenschaftliche Abhandlungen, die seit Andronikos unter dem Titel eines »Organon«, d.h. eines Werkzeugs zur Philosophie, zusammengefaßt und dem übrigen Corpus insgesamt vorangestellt werden. Eine Auflistung der erhaltenen Werke nebst den für die Zitation verwendeten Buchstabenkürzeln findet sich vor dem Literaturverzeichnis am Schluß des Buches (s. S. 175).

II. Von der Dialektischen Methode zur Wissenschaft

1. Die dialektische Pragmatie der ‚Topik'

Der Inhalt der ‚Topik' ist nicht leicht zu fassen, und es scheint so, daß dies auch an einer gewissen Unsicherheit des Aristoteles in bezug auf Anspruch und Thematik der Pragmatie liegt. Er möchte mit ihr der „logischen Darstellung" von Sachverhalten ganz allgemein „eine wissenschaftliche Methode" geben (s. T IX 34. 183b 13), was, wenn es überhaupt möglich ist, kein leichtes und übersichtlich begrenzbares Unterfangen sein dürfte. Diese allgemeine Methode der logischen Darstellung faßt er unter dem Namen „Dialektik" (T I 2. 101b 2; vgl. IX 34.183a 39) zusammen und schildert ihre Absicht zu Anfang der Pragmatie folgendermaßen:

> „Das Vorhaben dieser Pragmatie ist es, ein Verfahren zu finden, von dem aus wir imstande wären, über jedes vorgesetzte Problem auf der Grundlage von plausiblen Ansichten *(endoxa)* zu schlüssigen Folgerungen zu gelangen *(syllogizesthai),* und zwar so, daß wir, indem wir selbst Rede stehen können, doch keinerlei Widersprüche begehen." (T I 1. 100a 18–21)

Nach dem Vorgang der Sophistik, deren Vertreter dem Publikum typischerweise versprachen, »über alles« reden und eine kompetente Auskunft geben zu können (s. dazu Buchheim 1986), und nach Platons Ideendialektik, die so etwas wie eine oberste und allgemeinste Wissenschaft sein sollte, aus der alle Regionalwissenschaften zu begründen sind (s. z.B. ‚Sophistes' 253b–e; ‚Politeia'

510a–511e), hält das aristotelische Unternehmen der ‚Topik' zwar noch an dem universalen Anspruch der dialektischen Methode fest, aber gibt doch den anderen preis, eine allgemeine *Wissenschaft* oder technische Universalkompetenz bieten zu wollen. Es geht nicht um die Wahrheit wissenschaftlich ermittelter und begründeter Tatsachen, sondern nur um die Korrektheit ihrer möglichen *Darstellung in der Rede (logos)* als dem nun einmal universalen Medium aller sachlichen Erklärung und Argumentation. Deshalb sind die Ausgangspunkte für dialektische Klärungen nicht die Sätze der Wissenschaft, die für sich beanspruchen, wahr zu sein, sondern, wie im Anfangszitat ausgesprochen, gewisse „plausible Ansichten" *(endoxa)* über die Wirklichkeit; Ansichten, von denen Aristoteles sagt, daß sie weder so entlegen sein dürfen, daß sie keiner vertreten würde, noch so selbstverständlich, daß alle sie teilen. Es muß sich lohnen, für oder gegen sie zu argumentieren und dabei, wie es das Ziel der topischen Überprüfung ist, die Regeln und Standards logischer Korrektheit einzuhalten.

Trotz der Minderung des aristotelischen Anspruchs gegenüber den früheren Positionen bleibt das vorgenommene Unternehmen ambitioniert genug. Und es sieht so aus, als habe es sich Aristoteles in noch recht jungen Jahren, ohne in der Akademie bisher als Lehrer hervorgetreten zu sein, zur Aufgabe gemacht. Von ihr behauptet er selbstbewußt, daß sie noch niemand vor ihm systematisch in Angriff genommen, geschweige denn bewältigt habe, während er nun dafür die Grundlagen geschaffen und auch schon das meiste, was dazu gehört, ausgeführt habe. Für diese Leistung, so bekennt er am Ende freimütig und etwas naiv, habe er die Zufriedenheit und Dankbarkeit seines Publikums redlich verdient:

> „Daß wir unser vorgenommenes Ziel auf befriedigende Weise erreicht haben, ist klar. Doch darf nicht verborgen bleiben, was bei dieser Pragmatie besonders der Fall ist [...], nämlich daß nicht etwa [wie bei vielen anderen] das eine schon vorhanden, anderes aber noch unausgeführt geblieben war, sondern daß so

gut wie gar nichts vorhanden war. [...] Was die schlüssige logische Darstellung betrifft, so hatten wir vorher praktisch überhaupt nichts anderes dazu zu sagen, außer langwieriges und mühevolles Herumsuchen durch praktisches Ausüben. Wenn ihr die Beschaffenheit der vorhandenen Anfänge mitbedenkt, dann wird euch die erreichte Methode zufriedenstellen im Vergleich mit anderen Pragmatien, die aus der Tradition schöpfen können. So bleibt euch Hörern übrig, für das, was ausgelassen wurde, Nachsicht zu üben, für das Gefundene aber recht dankbar zu sein.“ (T IX 34. 183b15–184b8)

Hier gibt sich schon eine von sich und ihren Leistungen für die eigene Schule („vorher hatten wir dazu praktisch nichts zu sagen“) ziemlich überzeugte Wissenschaftlerpersönlichkeit zu erkennen. Zugleich ist durchaus eine gewisse Unsicherheit zu diagnostizieren, ob in der jetzt ausgeführten Pragmatie tatsächlich schon das ursprüngliche Ziel, die generellsten Prinzipien aller schlüssigen logischen Darstellung zu finden, ganz verwirklicht werden konnte (vgl. dazu Kapp 1942/1965: 11; 15ff.; 78ff.).

Die Klärung der Voraussetzungen und korrekte Durchführung schlußfolgernder Rede bilden das hauptsächliche Anliegen aller Pragmatien des aristotelischen »Organon«, d. h. des von ihm erstmals systematisch erforschten und bereitgestellten »Rüstzeugs« zur Wissenschaft. Aristoteles unterscheidet mehrere Arten der schlußfolgernden Rede (vgl. T I 1. 100a 25ff.), von denen zwei in der ‚Topik‘ behandelt werden, während die anderen sich auf zumeist erst später begonnene Pragmatien verteilen.

Die ‚Topik‘ behandelt (1) das *dialektische Schließen* aus wahrscheinlichen oder plausiblen Prämissen sowie (2) die Kritik der *Trugschlüsse* in ihrem letzten, dem IX. Buch (dieses Buch wird manchmal auch als eigene Schrift unter dem Titel ‚Sophistische Widerlegungen‘ zitiert). In der ‚Topik‘ hat der Schluß eine am *Inhalt* des Gesagten orientierte und darum formlosere Gestalt, die man korrektes Argumentieren nennen könnte. Demgegenüber behandelt Aristoteles den *formalen Schluß* und seine Varianten in der wohl einige Jahre später in Angriff genommenen Pragmatie der ‚Ersten Analytiken'. Es sieht so aus, als habe er zur Zeit der ‚Topik' noch nicht über eine klare Einsicht in die rein logischen Strukturen des Syllogismus verfügt. Außerdem unterscheidet Aristoteles von den genannten (3) den *beweisenden* oder *demonstrativen Schluß*, der aus als *wahr* behaupteten (nicht nur wahrscheinlichen) Prämissen gezogen wird; er ist Gegenstand der ‚Zweiten Analytiken', die ebenfalls deutlich nach der ‚Topik' abgefaßt sein dürften. Endlich gibt es auch noch (4) den *rhetorischen Schluß* oder das *Enthymem* (d.h. das »dem Gemüt eingängig oder einleuchtend Gemachte«), der ein Gegenstand der (gleichfalls früh begonnenen) ‚Rhetorik' ist und auch am Ende der ‚Ersten Analytiken' kurz abgehandelt wird.

Im folgenden sollen einige wenige Hinweise zur ‚Topik' genügen, die erstens den von Aristoteles angegebenen Nutzen der Pragmatie, zweitens ihre allgemeinsten dialektischen Instrumente, systematischen Zielsetzungen und die Elemente ihrer Realisierung betreffen.

1.1 Vom dreifachen Nutzen der dialektischen Methode

Die ‚Topik' will, wie schon gesagt, in erster Linie eine metawissenschaftliche Methode für alle logische Darstellung von Sachverhalten zur Verfügung stellen. Sie leistet eine dialektische Überprüfung und so auch Selbstkontrolle der sacherklärenden Rede. Der Ausdruck *topos* (eigentlich »Ort«), den Aristoteles durchweg für ihre Verfahren gebraucht, bezeichnet einen logischen »Prüfungspunkt«, dessen Beachtung der Vermeidung von Argumentationsfehlern dient. So muß man beispielsweise darauf achten, daß man nicht das bloße Attribut einer Sache zu ihrem Gattungsbegriff erklärt (etwa den Schnee einer »Gattung« weißer Gegenstände zuordnet), weil das Attribut »weiß« im Unterschied zur Gattung den Gegenstand nicht definiert.

So ist die Dialektik nicht mehr, wie noch für Platon, eine Art »Superwissenschaft«, deren Prinzipien allen anderen übergeordnet wären, sondern sie ist allenfalls eine Instanz, die Behauptungen und Prinzipien einer Wissenschaft vor dem Hintergrund gemeinlogischer Standards und vernünftiger Ansichten über die Welt (vor dem gesunden Menschenverstand) zu rechtfertigen. Aristoteles erkennt klar, daß die Wissenschaften außerstande sind, durch sich selbst ihre Prinzipien zu rechtfertigen oder sie aus einer anderen Wissenschaft abzuleiten (T I 2. 101a 36ff.; vgl. ZA I 9. 76a 16–25). Deshalb ist es wichtig, eine solche metawissenschaftliche Prüfungsinstanz wie die Dialektik zur Verfügung zu haben und anzuwenden; dies macht ihren hervorragendsten Nutzen aus (T I 2. 101b 1–4). Typische dialektische Teile der aristotelischen Pragmatien sind der historische Rückblick auf die Ansichten der Früheren und die Auffassungen der meisten Leute, die aporetische Darstellung des wissenschaftlichen Themas und zugehöriger Fragen und die Unterscheidung der Bedeutung wichtiger Termini.

Neben ihrer metawissenschaftlichen Funktion gibt Aristoteles zwei weitere Nutzanwendungen für die ,Topik' an, nämlich erstens ein systematisches Regelwerk zu bieten für die geistige „Gymnastik" des seit Sokrates und der Sophistik üblich gewordenen und in der Akademie gepflegten Frage-und-Antwort-Spiels (T I 2. 101a 28ff.), wo einer den anderen in Widersprüche zu verwickeln und damit zur Preisgabe gewisser von ihm behaupteter Ausgangssätze (sog. *protaseis* oder Prämissen) zu zwingen trachtet.

Schließlich besteht ein dritter Nutzen der ,Topik', den Aristoteles angibt, in ihrer Brauchbarkeit für die Ausfechtung von Meinungskontroversen in der Öffentlichkeit *(enteuxeis);* durch ihre Anwendung könne man seine eigenen Auffassungen zu einem Thema besser behaupten und ausbauen, die der Gegenseite jedoch aushöhlen und der Korrekturbedürftigkeit überführen. Auch dies ist seit der Sophistik eine besonders in Athen verbreitete Praxis gewesen, daß man politische, ethische oder auch philosophisch-wissenschaftliche Fragestellungen in der Öffentlichkeit diskutierte, sei es durch Vorträge, öffentliche Redegefechte oder in Form von »exoterischen« Publikationen und Propaganda- und Denkschriften. Hierzu sind gewiß manche Dialoge Platons und Aristoteles' zu zählen und auch die früher erwähnte mutmaßliche Auseinandersetzung zwischen Aristoteles und der rhetorischen Philosophie des Isokrates.

1.2 Ziele und Elemente logischer Darstellung: die ‚Prädikabilien' und ‚Kategorien'

Im 4. Kapitel des I. Buches faßt Aristoteles die für das gesamte Vorhaben entscheidenden Schritte der Pragmatie zusammen:

> „Wenn wir also erfassen würden, (1) zu wie vielen und welchen Ergebnissen logische Darlegungen *(logoi)* führen und (2) woraus sie bestehen, sodann, wie wir diesbezüglich (3) auf einen wohlgeführten Weg kommen können, dann hätten wir das Vorgenommene hinreichend bewältigt. Es ist aber gleich viel der Zahl nach und dasselbe, woraus die Darlegungen und worüber Syllogismen zustande kommen. Denn [auch] die Darlegungen entstehen aus gewissen Ausgangssätzen oder Prämissen *(protaseis);* Syllogismen aber drehen sich generell um »Probleme« [d.h. Fragestellungen, ob etwas der Fall ist oder nicht]. Jede Prämisse aber und jedes Problem bringt entweder eine Gattung *(genos)* oder das Eigentümliche *(idion)* oder ein beiläufiges Attribut *(symbebēkos)* von etwas zum Ausdruck." (T I 4. 101 b 11–18)

Auch an dieser etwas vagen Auflistung bemerkt man die früher erwähnte Unsicherheit des Aristoteles, wie der Anspruch der Pragmatie eingelöst werden könnte. Er legt sich selbst drei Fragen vor, die ihr Gebiet umgrenzen: (1) Welche Absichten verfolgen Reden? (2) Aufgrund welcher elementaren Bestandstücke werden sie eingelöst? (3) Und wie erreicht man die Ziele auf einem methodisch gesicherten Weg? – Aristoteles ist sichtlich darum bemüht, das

Problem der »*logoi*« oder Reden im allgemeinen zunächst einmal einzuschränken auf den Bereich der *sachlichen Erklärungen* (statt auch Ermahnungen oder ethische Abwägungen etc. miteinzubeziehen). Das wird ihm möglich durch die Angleichung der Rede an den wissenschaftlich relevanten Syllogismus, der sich, wie er sagt, immer auf theoretische Problemfragen bezieht.

Sodann ist Aristoteles in der Lage, die allgemeinsten Zielsetzungen der sacherklärenden Rede anzugeben, da derlei sachlich orientierte Fragestellungen immer, wie er versichert, auf die Gattung oder auf gewisse Akzidentien (beiläufige Attribute) oder auf das Eigentümliche der Sache gerichtet sein müssen. Eine *Gattung* gibt die allgemeine Klasse oder den Oberbegriff von Dingen an (z.B. gehören Apfel, Birne, Kirsche zur Gattung der Früchte). *Akzidenz* heißt eine Eigenschaft oder eine Verfassung, die eine Sache näher bestimmt, wie z.B. Rotsein oder Herzform die Kirsche näher bestimmen. Das *Eigentümliche* oder Proprium ist dagegen entweder ein Merkmal, das nur die fragliche Sache besitzt (wie etwa das Lachen nur dem Menschen zukommt); oder es ist bereits die komplette Definition, durch die sie insgesamt erfaßt und von allem anderen logisch abgegrenzt wird. Letztere setzt sich nach Aristoteles zusammen aus der Gattung und mindestens einem Unterschied (spezifische Differenz), durch den sie innerhalb der Gattung eindeutig abgegrenzt wird; so ist etwa »zweifüßiges (ungefiedertes) Lebewesen« das von Aristoteles oft verwendete Beispiel der Definition des Menschen. Unterschiede heißen nur solche Attribute, die eine Gattung zu Arten fortbestimmen und die folglich für alle und nur die Individuen der betreffenden Art kennzeichnend sind. Aristoteles rechnet deshalb die Frage nach Unterschieden der Sache zum Problem der Gattungserklärung überhaupt.

So ergibt sich insgesamt eine Liste von 4 sogenannten »Prädikabilien«, auf deren Klärung nach Aristoteles jede sachliche Darlegung gerichtet ist:

(1) akzidentielle Attribute der Sache

(2) eigentümliche Merkmale oder Propria

(3) ihre Einordnung in eine Gattung
(4) Definition.

Letztlich sollen natürlich, so fügt Aristoteles hinzu (T I 6. 102b 27 ff.), alle sacherklärenden Bemühungen um einen Gegenstand in seiner Definition münden, so daß diese als das Hauptziel der sacherklärenden Rede zu gelten hat.

Gut drei Viertel der ‚Topik' behandeln die effektive Verfolgung von und richtige Umgangsweise mit den Prädikabilien (Buch II–III: Akzidenz; IV: Gattung; V: Proprium und VI–VII: Definition). Sie machen anhand von unzähligen »*topoi*« (Prüfungspunkten) klar, was man bei jedem von ihnen zu beachten hat, um Fehler zu vermeiden. Dabei werden immer wieder dieselben dialektischen Grundwerkzeuge *(organa)* angewandt, mit deren Hilfe eine dialektische Untersuchung nach Aristoteles ihre Ziele methodisch gesichert erreichen kann. Sie werden im 13. Kapitel des I. Buches (105 a 20 ff.) kurz aufgezählt und vorgestellt. Es sind dies (1) sorgfältige Auswahl und Prüfung der Prämissen, z. B. in Gestalt einer Erörterung von Aporien, die bei bestimmten Voraussetzungen zu gewärtigen wären; (2) die Unterscheidung von Bedeutungsdifferenzen, um Homonymien (s. S. 36 ff.) zu vermeiden; (3) die scharfsichtige Ermittlung relevanter Unterschiede, durch die eine Sache auf korrekte Weise ihrer Gattung zugeordnet werden kann; (4) die Untersuchung von bestehenden Ähnlichkeiten und ihre angemessene Würdigung bei der Begriffsbildung.

Durch die Einschränkung der dialektischen Methode auf sachliche Erklärungen ist es Aristoteles im nächsten Schritt möglich, gewisse allgemeinste Elemente anzugeben, auf die solche erklärenden Darlegungen zurückgreifen und aus denen sie sich folglich immer zusammensetzen müssen. Dies sind die berühmt-berüchtigten *Kategorien*, die hier zum ersten Mal im Œuvre des Aristoteles aufgezählt werden. In erster Annäherung aus dem bisher Gesagten sind die Kategorien gewisse allgemeinste Charakterisierungsrubriken, innerhalb derer die zur dialektischen Erklärung vorgenommene Sache ihre inhaltliche Bestimmung erhält; d. h. all das, was man von ihnen »aussagen« oder prädizieren *(kategorein)* kann, um dadurch kenntlich zu machen, was und wie sie sind. Deshalb seien, so sagt Aristoteles, die früher erläuterten Prädikabilien stets „in den Kategorien" zu realisieren:

> „Nunmehr müssen die Gattungen von Aussageweisen *(kategoriai)* unterschieden werden, in denen die genannten vier [Prädikabilien] gegeben sind. Es sind zehn an der Zahl, nämlich Was-Sein *(ti esti)*, Quantität *(poson)*, Qualität *(poion)*, Relation *(pros ti)*, Ort *(pou)*, Zeit *(pote)*, So-Liegen *(keisthai)*, Haben *(echein)*, Tun *(poiein)* und Leiden *(paschein)*. Stets nämlich wird das beiläufige Attribut sowie die Gattung, das Proprium und die Definition in einer von diesen Kategorien zu fassen sein. Denn alle durch sie [formulierten] Prämissen meinen entweder ein Was-Sein oder eine Qualität oder Quantität oder eine der anderen Kategorien. Daraus aber erhellt, daß wer ein Was-Sein meint manchmal eine Substanz meint und manchmal eine Qualität, manchmal aber auch irgendeine andere der Kategorien. Denn wenn man, falls »Mensch« herausgegriffen wird, vom Herausgegriffenen behauptet, es sei Mensch oder Lebewesen, so sagt man *(legei)* ein Was-Sein und meint *(sēmainei)* eine Substanz; wenn man aber, falls »weiße Farbe« herausgegriffen wird, vom Herausgegriffenen behauptet, es sei weiß oder eine Farbe, so sagt man ein Was-Sein und meint eine Qualität. [...] Und genauso auch bei den übrigen." (T I 9. 103b 20–35)

Die erste und vorrangige Kategorie ist die des „Was-Seins" oder der „Substanz", durch welche eine Sache in ihrem ganzen Umfang logisch erfaßt wird, wie etwa »Schnecke« oder »Mensch«; die übrigen und nachgeordneten Kategorien erklären demgegenüber nur gewisse Aspekte einer Sache, wie ihre Größe oder Beschaffenheit, die Beziehungen, in denen sie steht, örtliche oder zeitliche Bestimmungen, ihre Lage, ihr Tun oder Wirken und Leiden und ihre Fertigkeiten oder Errungenschaften (»Haben«). Da Aufgabe der Kategorien die inhaltliche Charakterisierung von beliebigen, dialektisch examinierten Gegenständen ist, läßt ihre Klassifikation durch Aristoteles manche Rückschlüsse auf das zu, was nach ihm das Seiende oder wirklich Existierende ist. So ist es z. B. bezeichnend, daß alle Charakteristika berücksichtigt sind, die *physisch-materielle Körper* auszeichnen und beschreibbar machen, aber keine speziell seelischen oder mentalen Prädikatklassen (Aristoteles scheint sie nicht für primär und irreduzibel zu halten). Interessant ist auch, daß die *Ursache* keine Kategorie ist (wie z. B. für Kant); denn, Ursache zu sein, ist für Aristoteles nichts, was die Wirklichkeit eines Dinges als solche charakterisieren würde, sondern ein Status oder eine Rolle, die wir ihm in unseren Wissenschaften zuschreiben.

Schon an dieser ersten Stelle im Werk des Aristoteles zeigt sich ein Doppelsinn des Kategorienbegriffs, je nachdem, ob die Kategorien am Leitfaden dessen näher erklärt werden, was man von den Dingen *sagt*, oder dessen, was man mit dem Gesagten *meint*. Entsprechend läßt sich ein *logischer* von einem *ontologischen* Sinn des Kategorienbegriffs unterscheiden. Denn man *sagt* Sätze, die eine gewisse Aussagestruktur besitzen, von der es abhängt, welche Kategorie damit zum Ausdruck gebracht wird. Z. B. sagt man, daß das Galoppieren die schnellste Gangart von Pferden sei. Hier wird das „Was-Sein" von etwas ausgedrückt und somit liegt eine Darlegung der *ersten Kategorie* vor. Würde man demgegenüber gesagt haben, das Galoppieren sei schnell wie der Wind, so hätte man eine „Qualität" des Galoppierens, nicht sein Was-Sein ausgedrückt, und es läge eine Darlegung der dritten Kategorie vor.

Blickt man indessen bei dem ersten Beispiel auf das, was man *meint* oder was man bei der getroffenen Aussage im Sinne hat, so ist das betreffende ein Ding oder etwas Seiendes, aber *nicht* der ersten, sondern einer der nachgeordneten Kategorien. Denn Galoppieren ist kein selbständig vorkommender Gegenstand, sondern ein Verhalten oder Tun gewisser Tiere. Würde man hingegen deutlich machen, was das für ein Tier ist, etwa daß das so sich Fortbewegende ein einhufiges Reittier sei, so hätte man auch in der

Linie einer ontologischen Deutung des Ausdrucks »Kategorie« ein Seiendes der *ersten Kategorie* bezeichnet, nämlich eine „Substanz".

Es fällt auf, daß Aristoteles in der *logischen* Verwendung die erste Kategorie das „Was-Sein" nennt, während er in der anderen von „Substanz" spricht. Das rechtfertigt die Vermutung, daß da, wo Aristoteles wie z. B. in der ‚Kategorienschrift' nur die „Substanz" als Ausdruck für die erste Kategorie verwendet, eine ontologische Deutung zugrunde zu legen ist.

Logische und ontologische Verwendung des Kategorienbegriffs bei Aristoteles treten vielfach in Verbindung oder Konkurrenz auf und müssen daher auseinandergehalten werden (vgl. die verschiedenen Möglichkeiten nach EA I 37. 49a 6–9). Doch ist insgesamt, wie einige maßgebliche Aristotelesforscher herausgestellt haben (z. B. Kapp 1920/68; von Fritz 1931/72 und Kahn 1978), eine Akzentverschiebung in den Pragmatien zu beobachten. Das Gewicht verlagert sich zugunsten einer ontologischen Bedeutung der Kategorien, so daß statt von „Gattungen von Aussageweisen" immer mehr von allgemeinsten „formalen Typen des Seienden" (s. z. B. P III 1. 201a 9) die Rede ist.

2. Die frühe Ontologie der ‚Kategorienschrift'

Die Schrift, die den nicht von Aristoteles stammenden Titel ‚Kategorien' trägt, behandelt ihren Gegenstand (der hier jedoch anders genannt wird) sichtlich nach dem Muster der oben erklärten *ontologischen* Verwendung (vgl. z. B. Kahn 1978: 247 ff.; Oehler ^{2}1986: 109; 114). Denn zum einen firmiert die erste Kategorie nur unter dem Namen der „Substanz", nicht aber als Was-Sein; zum anderen aber gebraucht Aristoteles gar nicht die Bezeichnung »Kategorien« dafür, also nicht das Wort, das man am ehesten mit »Aussageweisen« übersetzen würde, sondern er nennt sie hier „Seiende, die ohne Verbindung gesagt werden" (vgl. K 3. 1b 25 mit 2. 1a 20). „Was ohne Verbindung gesagt wird" ist aber gerade nicht eine

Aussage, wie etwa »das Pferd galoppiert«, und auch keine komplexe Kennzeichnung, in der mehrere Seiende kombiniert werden, wie z. B. »das galoppierende Pferd«. Vielmehr zielt der Ausdruck auf *für sich allein erfaßbare Dinge* als in sich *eingestaltige* Bedeutungen jener sprachlichen Termini, die ohne Verbindung gesagt werden; in unserem Beispiel also »Pferd« oder »galoppieren«.

Natürlich hängt es durchaus vom Kontext ab, was als eingestaltig anzusehen ist und was nicht. Z. B. ist ein Ton innerhalb eines Musikstücks eingestaltig, nicht aber derselbe Ton, wenn man ihn als Gruppe von Schwingungen der Luft auffaßt. Der Kontext, den Aristoteles durchgängig für die ihn hier interessierenden Termini vorauszusetzen scheint, ist die Realität der Welt mit den Portionen der Wirklichkeit, wie sie in unseren Wahrnehmungen erscheinen, also der Kontext der phänomenalen Welt.

Neben der mangelhaften Triftigkeit des Titels ist auch das Fehlen einer klaren Disposition für den Inhalt der Schrift zu verzeichnen, wie wir sie aus anderen Pragmatien des Aristoteles gewohnt sind. Dieser Mangel wird bekräftigt durch die Tatsache, daß die Kategorienschrift nicht aus einem Guß ist, sondern im ersten Teil (bis Kap. 9) zwar die Kategorien, wenn auch nicht alle, sondern nur die wichtigsten (Substanz, Quantität, Relation und Qualität) abhandelt, während die Kapitel 10–15 im wesentlichen Bedeutungsdifferenzierungen zu den Begriffen des Gegensatzes, der Abfolge, der Bewegung und des Habens enthält. Diese letzten 6 Kapitel faßt man lose zusammen als Lehre von den Postprädikamenten; erstere dagegen bezeichnet man, nicht ganz treffend, als Lehre von den Prädikamenten. Nicht ganz treffend ist der Ausdruck, weil sich die ohne Verbindung gesagten Termini (also die sog. Kategorien) nicht immer auf Prädizierbares beziehen, wie wir sehen werden.

Auch aus den genannten Gründen, vor allem aber deshalb, weil Aristoteles hier in mancher Hinsicht eine andere und mit der ‚Metaphysik' bisweilen sogar für unverträglich gehaltene Auffassung der Substanz zu vertreten scheint, haben viele Gelehrte besonders im 19. Jahrhundert die Echtheit der ‚Kategorienschrift' in

Zweifel gezogen. Alle vorgebrachten Einwände sind jedoch nicht zwingend und können, was die befürchteten Unverträglichkeiten betrifft, als Folgen einer Weiterentwicklung der Ontologie des Aristoteles erklärt werden. Die vorherrschende Ansicht der heutigen Forschung ist, daß die ‚Kategorienschrift' von Aristoteles in relativ jungen Jahren verfaßt wurde, wenn sie auch in ihrer vorliegenden Gestalt durch einen späteren Herausgeber aus zwei heterogenen Bruchstücken zusammengesetzt ist (zum Problem der Echtheit vgl. Frede 1983).

Statt mit einer Charakterisierung des Inhalts beginnt die ‚Kategorienschrift' mit einer zunächst deplaziert anmutenden, bedeutungstheoretischen Unterscheidung von homonymer (äquivoker), synonymer (univoker) und paronymer (abgeleiteter) Gebrauchsweise sprachlicher Termini: Homonym, d. h. »namensgleich« nennt Aristoteles Dinge, die nur die sprachliche Bezeichnung gemein haben, deren Definition aber jeweils eine andere ist, wie z. B. »Kirche« einmal den Bau und zum anderen die Institution bezeichnen kann. Synonym, d. h. begriffsgleich sind demgegenüber Dinge, die entweder ganz oder teilweise eine gemeinsame Definition besitzen, wie z. B. ein Mensch und ein anderer Mensch dieselbe Definition ganz besitzen, ein Mensch und ein Rind dagegen nur teilweise, nämlich insofern sie beide Lebewesen sind. Paronym oder begriffsverwandt sind schließlich Dinge, die der Sache nach von demselben Begriff und seiner Definition und deren Bezeichnungen von demselben Wort abgeleitet sind, wie z. B. der »Grammatiker« von der »Grammatik« oder das »Verarzten« vom »Arzt« abgeleitet sind.

Fragt man, warum die ‚Kategorienschrift' mit dieser Unterscheidung beginnt, so ist zu sagen, daß die *Kategorien*, die sie unterscheiden und aufzählen wird, *immer als synonyme Termini zu verwenden sind, d. h. so, daß jedes mit ihnen Bezeichnete die Definition erfüllt, die der betreffende Begriff statuiert.* Schon in der ‚Topik' schrieb Aristoteles:

> „Die Kategorie einer Gattung wird nie paronym von einer zugehörigen Art gesagt, sondern alle Gattungen werden synonym von den Arten ausgesagt; denn die Arten können sowohl mit der Bezeichnung als auch mit der Definition der Gattungen belegt werden." (T II 2. 109b 4–7)

Zum Beispiel kann man sowohl den Galopp als auch den Trab »eine Gangart« nennen und beide erfüllen die Definition für Gangarten, nämlich Weisen der Fortbewegung gewisser Tiere zu sein. Alle Gattungen aber umfassen alle Arten von Dingen, für die es Kategorien im Sinne der ‚Kategorienschrift' gibt, und die Arten wiederum umfassen alle Einzelfälle, von denen sie ausgesagt werden, die somit ebenfalls untereinander und mit ihren Art- und Gattungsbegriffen synonym sind (vgl. K 3. 1b 10–15). Das Motiv, die ‚Kategorienschrift' mit der geschilderten Unterscheidung zu beginnen, ist also darin zu erkennen, daß sprachliche Termini in ihrem kategorialen Gebrauch nur auf solche Dinge bezogen werden dürfen, die die entsprechende Definition erfüllen. Die Kategorien der ‚Kategorienschrift' sind die Grundklassen synonymer, d.h. allein *wissenschaftsfähiger* Termini. Wissenschaftsfähig sind sie deshalb, weil sie den Gegenstand, auf den sie sich beziehen, nicht nur bezeichnen, sondern einen Begriff statuieren, der auf ihn als Fall dieses Begriffs zutrifft. So statuiert »Lebewesen« einen gemeinsamen Begriff für »Pferd« und »Mensch«, der beide Tierarten als Fälle von »Lebewesen« definitorisch erfaßt. Hingegen ist der Ausdruck »Kirche«, der sowohl die Institution als auch das Gebäude bezeichnet, kein Begriff, sondern eine bloß konventionelle Bezeichnung für beide. Wissenschaftliche Sätze aber müssen ihre Gegenstände immer begrifflich erfassen, nicht nur bezeichnen, um eine Erkenntnis über sie zu vermitteln.

Das ist durchaus keine Trivialität. Wissenschaftliche Rede besteht zu einem Gutteil in der sorgfältigen Homonymievermeidung beim Übergang von Einzelfällen zu ihrer allgemeinen Charakterisierung (s. z.B. ZA II 13. 97b 28ff.); und Schlußfolgerungen, auf die jede Wissenschaft angewiesen ist, werden ungültig, wenn man den Gegenstand, über den man schließt, nicht durch einen synonymen Terminus erfaßt hat. Wer z.B. Sokrates als »ein bärtiges Ding« aufgefaßt hätte und daraus schlösse, daß das, was nicht bärtig ist, nicht Sokrates sein könne, hat einen Fehlschluß begangen; denn er hat den Gegenstand nicht durch einen Terminus seiner Kategorie erfaßt. Sokrates ist auch dann noch Sokrates, wenn er keinen Bart mehr trägt. Wenn er dagegen z.B. kein Lebewesen mehr wäre, könnte er tatsächlich auch nicht mehr der sein, von dem vorher die Rede gewesen ist.

Vor Aristoteles waren die Bedingungen, die ein synonymer, d.h. wissenschaftsfähiger Gebrauch von Termini erfüllen muß, teilweise unbekannt, teilweise aber auch übertrieben streng gefaßt. So finden sich bei vielen Vorsokratikern, z.B. bei Heraklit und Empedokles, aber auch bei Parmenides und Demokrit homonyme oder paronyme Gebrauchsweisen von Termini, die dennoch eine Erkenntnis des bezeichneten Gegenstands zu vermitteln beanspruchen.

Wichtig ist auch die in der ‚Kategorienschrift' von Aristoteles begründete Forderung, daß dasjenige, was die Wirklichkeit zuletzt fundiert – das sind die einzelnen Substanzen (s. z.B. K 5. 2b 5f.) – seinerseits ein synonym zu erfassendes Seiendes und d.h. wissenschaftsfähig sein muß. Andernfalls wäre auch alles andere, was von den fundierenden Substanzen abgeleitet oder aus ihnen zusammengesetzt zum Gegenstand der Betrachtung gemacht wird, unerkennbar. Dies ist z.B. ein Problem in der atomistischen Theorie des Demokrit, nach dem das einzig und allein Wirkliche – die Atome – unerkennbar ist und damit nicht Gegenstand einer Definition sein kann. Wenn aber das Fundament der Wirklichkeit nicht erkennbar ist, dann strenggenommen auch nicht das dadurch Fundierte, so daß am Ende gar keine echte Wissenschaft möglich ist (vgl. z.B. Demokrit DK 68 A 38 und B 6–10).

Hiergegen hatte bereits Platon Protest eingelegt und die Wissenschaftsfähigkeit des Wirklichen dadurch begründet, daß er

Ideen als die eigentlichen Gegenstände wissenschaftlicher Definitionen einführte und ihre getrennte Existenz behauptete. Die Ideenlehre war eine Ontologie, zugeschnitten auf die unabweisbaren Bedürfnisse der menschlichen Erkenntnisfähigkeit und der damals sich etablierenden Wissenschaften. So sind z. B. die Gegenstände und Begriffe der Mathematik, wie Zahlen und geometrische Figuren, oder die der anderen Wissenschaften, Künste und Tugenden, wie Organismen, elementare Qualitäten, Gebäude und Werkzeuge, das Gerechte und das Schöne die geeignetsten Beispiele für Ideen bei Platon; und sie existieren eben deshalb »an sich«, weil es eindeutige Definitionen von ihnen gibt, während das, was wir sehen, hören oder tasten, immerfort verfließt, ständig anders ist und uns deshalb widersprüchliche Signale eingibt (vgl. z. B. Platon ‚Politeia' 523 a–525 a), die keine Einheit des Definierten zulassen. Aber die platonische Konsequenz münzte die Bedingungen der wissenschaftlichen Erfaßbarkeit zu unmittelbar und zu freigebig in eine überaus reichhaltige Ontologie letzter Wirklichkeiten – eben die Ideen – um.

Gegen diese platonische Konsequenz argumentiert nun Aristoteles in der ‚Kategorienschrift' (freilich ohne Platon zu nennen), indem er durch eine raffinierte Unterscheidung zeigt, daß auch dasjenige ein synonym erfaßbares Seiendes und somit möglicher Gegenstand einer Wissenschaft sein kann, was nicht als eine getrennte Wirklichkeit – wie eine Idee – existiert. Wir müssen »rot« oder »rund« oder »gerecht« nicht zu selbständig existierenden Ideen erklären, um sie als solche wirklich erkennen zu können. Umgekehrt aber zeigt Aristoteles auch, daß nicht deswegen, weil etwas ein wahrnehmbarer Einzelgegenstand ist, es keinen ihn definierenden, synonymen Terminus dafür geben kann. Beides bewerkstelligt er durch die zwei berühmten ontologischen Kriterien zur Unterscheidung von vier Typen des Seienden, die Bezugsgegenstände synonymer Termini sein können, nämlich (1) das sogenannte *Inhärenzkriterium* und (2) das *Prädikationskriterium.*

(1) Das Inhärenzkriterium unterscheidet Seiendes, „das in ei-

nem [anderen als] Zugrundeliegenden ist", von solchem, das dies nicht ist. Die Unterscheidung besagt, daß manche Dinge, wie z. B. Farben (Gelb, Blau, Rot etc.) oder Kenntnisse (des Alphabets oder der Geometrie), aber auch Dreieckiges, Rundes oder Zahlen – also die Gegenstände der Mathematik – nicht gegeben sein können, ohne gewisse andere Dinge, in denen sie ein Fundament ihrer Realität haben (s. K 2. 1a 24 f.). So gibt es die Kenntnisse nur in Seelen, die Farben nur an wahrnehmbaren und geometrische Formen nur an ausgedehnten Körpern. Derlei „inhärente" Dinge sind demnach *abstrahierte,* d. h. von ihren zugrundeliegenden Realitäten abgezogene Charakteristika, die nun eben *nicht* an sich, d. h. selbständig existieren, sondern nur in etwas weiterem, von dem aber bei ihrer Betrachtung abgesehen werden kann. Das Verhältnis der Inhärenz gibt uns etwas *Bestimmtes* und damit Seiendes als Bezugspunkt einer begrifflichen Erkenntnis an die Hand, ohne es radikal für sich zu stellen als selbständiger Gegenstand. Hiermit wird ein Teil des platonischen Zwanges, z. B. für mathematische Größen Ideen zu fordern, hinfällig.

Andererseits muß es dann natürlich auch die Seienden des anderen Typus geben, die nicht in etwas weiterem sind, sondern an sich oder selbständig existieren. Das sind nach Aristoteles die Substanzen (s. K 5. 3a 7 f.). Solche Substanzen sind aber, nach fast allgemeiner Überzeugung des sogenannten gesunden Menschenverstands, materielle und wahrnehmbare Einzeldinge, von denen mit Platon zumindest fraglich ist, ob sie durch sie definierende, wissenschaftsfähige Termini erfaßt werden können. Sollte dies nicht der Fall sein, so wären zugleich, wie gesagt, die Fundamente der anderen Wissenschaften bedroht, deren Gegenstände nur deshalb etwas sind, weil sie in etwas Zugrundeliegendem sind.

(2) Diesem Einwand begegnet Aristoteles durch die zweite Unterscheidung, nämlich die des Prädikationskriteriums. Es unterscheidet Seiende, „die von etwas Zugrundeliegendem gesagt oder begriffen *(legesthai)* werden" (K 2. 1a 20) – d. h. Prädikate –, von den Einzelfällen selbst, von denen sie zu sagen sind und die nicht

wiederum von etwas Zugrundeliegendem gesagt werden können. Das, was von Fällen gesagt werden muß, um selbst etwas zu sein, sind allgemeine Bestimmtheiten oder Universalien, wie »Mensch« oder »Pferd« oder »rund« oder »weiß«. Das andere, was nicht seinerseits von etwas gesagt wird, sind demzufolge durch solche allgemeinen Bestimmtheiten charakterisierte Einzeldinge oder Einzelfälle, wie »der bestimmte Mensch«, »das bestimmte Weiße« oder »das bestimmte Runde«, etwa der einzelne, mathematisch zu betrachtende Kreis oder ein Rad. Mit dieser Unterscheidung macht Aristoteles deutlich, daß das konkrete Etwas, das sich durch seine Singularität der wissenschaftlichen Bestimmung zu entziehen droht, in seinem Status als Einzelding gewahrt bleibt und dennoch begrifflich zu erfassen ist. Denn die entscheidende Forderung des Prädikationskriteriums lautet, daß die Einzelfälle immer *definiert* werden durch das, was von ihnen gesagt wird, also durch die allgemeinen Bestimmtheiten:

> „Aus den gegebenen Erläuterungen ist klar, daß bei den Dingen des Kriteriums »von etwas gesagt sein« notwendigerweise sowohl die Bezeichnung als auch die Definition vom Zugrundeliegenden ausgesagt wird.“ (K 5. 2a 19–21)

Die betreffenden zugrundeliegenden Einzelfälle erfüllen also immer die Definition des von ihnen gesagten Terminus. Mögen deshalb die Substanzen, die nach dem zuerst geschilderten Kriterium die möglichen Wissenschaften abstrakter Charakteristika letztlich fundieren, immerhin materielle Einzeldinge sein, so sind sie als welche, die gewisse Definitionen erfüllen, doch als synonym erfaßbare Seiende anzusehen und somit selbst Gegenstände möglicher Erkenntnis. Wer dies in Zweifel ziehen wollte, der müßte prinzipiell die Wahrheitsfähigkeit unserer Aussagenstruktur in Zweifel ziehen, nach der das von einem geeigneten Subjekt ausgesagte Prädikat auf dieses selbst zutreffen muß, wenn die Aussage wahr sein soll.

Auf die erklärte Weise gelingt es Aristoteles in der ‚Kategorienschrift', die Ökonomie seiner neuen Substanzontologie mit dem Reichtum möglicher Wissenschaften zu verbinden, ohne von der Wahrnehmung prinzipiell getrennt existierende Dinge annehmen zu müssen. Durch die zwei Kriterien lassen sich vier Typen von Seienden unterscheiden, die Bezugsgegenstände wissenschaftlich verwendeter Termini sein können, nämlich:

(1) die „primären Substanzen", die weder von etwas gesagt noch in einem Zugrundeliegenden sind (K 5. 2a 11–14), also z. B. »der bestimmte Mensch« oder »das bestimmte Pferd«. Sie bilden, wie schon bemerkt, das Fundament aller Wirklichkeit;

(2) die nur in der ‚Kategorienschrift' so bezeichneten „sekundären Substanzen", die von etwas Zugrundeliegendem gesagt sind, ohne in etwas inhärent zu sein (K 5. 3a 9–13). Sie definieren die ersten Substanzen (d. h. werden von ihnen als ihrem Zugrundeliegenden gesagt) und sind dementsprechend deren allgemeine Arten, Gattungen und Unterschiede, wie z. B. »Mensch«, »Lebewesen« und »zweifüßig«. Die zuletzt genannten Unterschiede, obwohl sie eigentlich keine Substanzen sind, sondern eher Qualitäten, gehören aufgrund der beiden Kriterien trotzdem diesem zweiten Typus von Seiendem an;

(3) Einzelfälle von Eigenschaften oder von abstrakten Charakteristika, die zwar nicht von etwas gesagt werden müssen, aber – als unselbständig seiend – sehr wohl in einem Zugrundeliegenden sind (K 2. 1a 23–29), wie z. B. »das bestimmte Runde« oder »das bestimmte Weiße« oder »diese Erkenntnis«. Sie sind besonders interessante Dinge, weil sie als einzelne die individuellen Objekte einer Wissenschaft sein können, ohne materielle Implikationen in sie hineinzutragen. Aristoteles braucht sie z. B. für die Mathematik oder die Theorie der Seelenvermögen und -zustände;

(4) universelle Eigenschaften oder allgemeine abstrakte Charakteristika, die sowohl von etwas gesagt als auch in einem Zugrundeliegenden sind (K 2. 1a29–b3), wie z. B. »Gelb« oder »Rund« oder »Wissen« oder »Vaterschaft«. Diese sind die gewöhnlichen,

aber in ihrer Art basalen und eingestaltigen Eigenschaften und Zustände, die wir den Dingen zu- oder absprechen.

Die erklärten vier Typen des Seienden, wie sie durch synonym verwendete Termini überhaupt bedeutet werden können, bilden gewissermaßen das Belegungsraster für die zehn nachfolgend aufgezählten Kategorien (K 4. 1b25–2a4; vgl. dazu Oehler [2]1986: 242ff.), deren Elemente ein Seiendes des jeweiligen Typus inhaltlich spezifizieren können. Substanzen, Quantitäten, Qualitäten, Relationen, Örter etc. sind die Dinge, auf die man sich, sei es als einzelne oder als allgemeine und sei es als selbständige oder nur in Abstraktion gegebene, durch „ohne Verbindung gesagte" Termini bezieht. Sie sind schon im Zusammenhang der ‚Topik' aufgezählt und kurz erläutert worden und brauchen hier nicht weiter verfolgt werden.

3. Die Entdeckung der formalen Logik in den ‚Ersten Analytiken'

Die ‚Ersten Analytiken' untersuchen die möglichen Schlüsse (Syllogismen) aus vorausgesetzten Begriffsverknüpfungen und unterscheiden ihre gültigen Formen von den ungültigen (zum Thema insgesamt s. bes. Patzig 1959). Aristoteles gibt zu Anfang eine allgemeine Definition dessen, was er unter einem Schluß verstehen möchte:

> „Ein Syllogismus ist ein logischer Ausdruck *(logos)*, in dem bei gewissen Setzungen etwas anderes als das Gesetzte aus Notwendigkeit folgt, weil diese der Fall sind." (EA I 1. 24b 18–20)

Diese Definition umfaßt zwar sehr viel mehr als das, was Aristoteles anschließend seinen Analysen unterzieht; denn „Setzungen" können alle möglichen Aussagen und eine unbestimmte Zahl von ihnen sein, während Aristoteles in den ‚Analytiken' nur das Verhältnis zwischen je drei Begriffen, die auf bestimmte Weise zu zwei Aussagen verknüpft werden, systematisch untersucht. Dennoch kann man sagen, daß Aristoteles anhand eines Ausschnitts der Logik, nämlich der sogenannten Term- oder Begriffslogik (also nicht der Aussagenlogik, die eine stoische Erfindung ist), das *Formale* der Logik überhaupt entdeckt hat. In der Begriffslogik wird aus zwei vorausgesetzten Verknüpfungen (= Prämissen) eines identischen Begriffs (= Mittelterminus) mit zwei verschiedenen anderen (= Außentermini) auf eine Verknüpfung auch der beiden letzteren untereinander (= Schlußsatz) geschlossen. Wird z. B. der Begriff »Mensch« einerseits mit dem Begriff »Tyrann« verbunden, so daß, was Tyrann ist, immer auch Mensch ist, andererseits aber derselbe Begriff »Mensch« auch verbunden mit »Sterblich«, so daß, was Mensch ist, auch sterblich ist, so folgt daraus, daß auch »Tyrann« mit »Sterblich« verbunden ist, also daß, was immer Tyrann ist, auch sterben muß. Notwendig ist auf jeden Fall, daß einer der drei verknüpften Begriffe in beiden Prämissen auftritt, soll sich ein Schluß ergeben:

> „Ganz generell stellen wir fest, daß niemals ein Syllogismus des einen in bezug auf einen anderen Terminus gegeben sein kann, wenn kein mittlerer erfaßt wird, der sich durch die Aussagen *(kategoriai)* auf bestimmte Weise zu jedem der beiden verhält. [...] Daher ist etwas Mittleres für beide zu erfassen, was die Aussagen verknüpft, wenn von diesem zu jenem ein Syllogismus bestehen soll.“ (EA I 23. 41a 2–13)

Die besondere Leistung des Aristoteles liegt in der Entdeckung, daß die gezogene Schlußfolgerung in keiner Weise vom Inhalt der Begriffe abhängig ist, die hier verknüpft werden, sondern nur von der *Form* der beiden vorausgesetzten Verknüpfungen. Man kann deshalb vom Gehalt der Begriffe völlig abstrahieren und Buchstaben statt der Wörter verwenden, ohne daß sich die Wahrheit der gezogenen Schlußfolgerung ändern würde – was Aristoteles in seinen ‚Ersten Analytiken‘ auch tat, so daß er auf diese Weise zum *Begründer der formalen Logik* wurde (vgl. dazu Kapp 1965: 79ff.). In solch einer formalen Darstellungsweise sähe der obige Beispielschluß schematisch etwa folgendermaßen aus:

> aus TxM und MxS folgt TxS (wobei x die Verknüpfung andeuten soll).

Zwar verwenden wir auch im normalen Argumentieren schlußartige Verknüpfungsweisen von Begriffen, und insbesondere die platonische Akademie hatte dergleichen Dispute über Begriffe und deren wechselseitige Verbundenheit zu einer schulmäßigen Übung erhoben. Aber wir trennen für gewöhnlich nicht zwischen dem, was wir aus inhaltlichen Gründen plausibel finden, und dem, was aus formalen Gründen gelten muß. Dies letztere als solches isoliert zu haben, ist das Verdienst des Aristoteles.

Er hat in den ‚Ersten Analytiken‘ aber nicht nur das formale Wesen des Schlusses überhaupt entdeckt, sondern es für den genannten Bereich der Logik – eben den Syllogismus aus Begriffen – auch systematisch und nahezu erschöpfend dargestellt, d.h. *alle möglichen* Verknüpfungsarten, die Schlüsse ergeben, von denen unterschieden, die das nicht tun. Beides zusammen ist Inhalt dieser Pragmatie.

Der Schluß aus Begriffen hat erstens einen allgemein zu fassenden Kern seiner formalen Schlüssigkeit und zweitens mehrere formale Elemente, die die Vielfalt seiner Varianten begründen.

3.1 Der logische Kern des Syllogismus

Den formalen Kern des Syllogismus kann man auf zwei Weisen darstellen, die auch Aristoteles schon beide benutzt hat. Sie sind, aus unterschiedlichen Perspektiven betrachtet, dem Modell ineinandergeschachtelter russischer Puppen nicht unähnlich. Denn das

„Ausgesagtwerden“ eines Begriffes von einem anderen (d. i. ihre Verknüpfung) läßt sich zum einen so begreifen, daß ein Begriff als Prädikat in einem anderen als Subjekt enthalten ist. Wenn nun aber derselbe Begriff, der einen ersten als Prädikat enthält, selbst wiederum enthalten ist in einem dritten, so muß auch der erste in diesem dritten enthalten sein: Wenn »Sterblich« von »Mensch« und »Mensch« von »Tyrann« ausgesagt wird, dann eben auch »Sterblich« von »Tyrann«, oder wie Aristoteles schreibt:

> „Wenn das A von jedem B und das B von jedem C ausgesagt wird, so wird notwendig das A von jedem C ausgesagt.“ (EA I 4. 25b 37–39)

Die andere Darstellungsweise liest die Verknüpfung der Begriffe von hinten nach vorn und faßt sie dabei nicht als Prädikate (d. h. als Begriffsbedeutungen oder intensional) auf, sondern als Umfänge oder Mengen von Dingen (d. h. extensional), auf die der betreffende Begriff zutrifft: Der Umfang des letzten Begriffs wird nämlich eingereiht in den eines anderen und dieser wiederum in den des ersten, so daß auch der Umfang des letzten im ersten ist. Wenn Tyrannen Menschen sind und Menschen sterblich, dann sind auch Tyrannen sterblich. Mit Aristoteles:

> „Wenn drei Termini sich so zueinander verhalten, daß der letzte in dem mittleren als einem Ganzen ist und der mittlere im ersten als einem Ganzen, dann ist notwendig ein vollendeter Syllogismus der beiden äußeren gegeben. »Mittleres« nenne ich dasjenige, was sowohl selbst in einem anderen ist als auch das, in dem ein anderes ist; »Äußeres« hingegen einmal das, was selbst in einem anderen, und zum anderen das, in dem ein anderes ist.“ (EA I 4. 25b 32–37)

Beide Lesarten sind äquivalent und beruhen auf dem Gedanken eines wechselseitigen Einschlusses oder Ausschlusses der Begriffe, welcher durch die Prämissen weitergereicht wird zur Folgerung. Denn auch der Ausschluß eines Begriffes von einem anderen kann auf ähnliche Weise weitergereicht werden: Wenn die russische Puppe, die eine andere enthält, außerhalb einer dritten steht, dann ist auch die von ihr enthaltene außerhalb der dritten. Schlüsse, bei denen, wie bei den jetzt gegebenen Beispielen, die Folgerung unmittelbar ersichtlich ist und die somit den geschilderten allgemeinen Kern der Schlüssigkeit von Schlüssen an ihren Prämissen direkt ablesbar zur Darstellung bringen, nennt Aristoteles „vollendete" Schlüsse (s. Patzig 1959: 58 ff.; 92 ff.). Andere, jedoch genauso gültige Schlüsse müssen hingegen erst noch nach bestimmten Regeln umgeformt werden, damit sie den Kern ihrer Schlüssigkeit vollendet zu erkennen geben:

> „Vollendet nenne ich einen Syllogismus der außer den angenommenen Prämissen nichts weiteres hinzubraucht, um das Notwendige offensichtlich zu machen, während unvollendete noch eines oder mehrerer Dinge außerdem bedürfen, die durch die gesetzten Termini zwar notwendig sind, aber nicht durch die Prämissen erfaßt werden." (EA I 1. 24 b 22–26)

Das logisch Interessante an syllogismusförmigen Begriffsverknüpfungen ist nun dies, daß *nicht in allen Fällen* einer einschließenden oder ausschließenden Verknüpfung sich ein notwendiger Schluß ergibt, sondern nur bei einigen. Wenn z. B. eine russische Puppe zwar eine andere enthält, diese letztere aber außerhalb einer dritten ist, so weiß man nicht, ob die dritte auch außerhalb der ersten steht oder nicht. Die ‚Ersten Analytiken' unterscheiden systematisch die gültigen von den ungültigen Schlußformen, indem sie alle variierbaren formalen Elemente einer möglichen Verknüpfung von Begriffen durchprobieren.

Aristoteles prüft insgesamt drei mögliche, den Schluß variierende formale Elemente, von denen ich nur die zwei ersten – in der klassischen Schlußlogik überall geläufigen – anschließend genauer erläutern werde. Das erste Element ist die *Art der Verknüpfung* der Begriffe in den Prämissen, die entweder allgemein bejahend (insgesamt einschließend) oder allgemein verneinend (insgesamt ausschließend) oder partikular bejahend (teilweise einschließend) oder partikular verneinend (teilweise ausschließend) sein kann. Das zweite Element ist die *Stellung des Mittelterminus* in den beiden Prämissen, also ob er einmal das Subjekt und einmal das Prädikat oder zweimal das Prädikat oder zweimal das Subjekt der Verknüpfung zu einer Aussage ist. Das dritte Element ist die *Modalität der Verknüpfung*, also ob das Prädikat dem Subjekt notwendigerweise oder nur tatsächlich oder bloß möglicherweise zukommt; je nachdem nennt man die sich ergebenden Begriffsverknüpfungen apodiktische, assertorische oder problematische Aussagen und Schlüsse.

Die genannten 4 Arten der Verknüpfung lassen für die zwei Prämissen eines möglichen Schlusses insgesamt 16 Kombinationsmöglichkeiten zu, die alle daraufhin zu prüfen sind, ob sie einen gültigen Schluß ergeben oder nicht. Die Verknüpfungsarten werden in der auf Aristoteles aufbauenden klassischen Schlußlogik durch kleingeschriebene Vokale dargestellt (die verknüpften Begriffe dagegen durch große Buchstaben, meistens mit M für den Mittelterminus), die den lateinischen Worten für »ich bejahe« (affirmo) und »ich verneine« (nego) entnommen sind: »a« und »i« für allgemeine und partikulare Bejahung, »e« und »o« für allgemeine und partikulare Verneinung. Diese Verknüpfungsvokale gehen in die von der scholastischen Philosophie ersonnenen Merkworte ein, die die gültigen Schlußvarianten charakterisieren und aus denen sie jederzeit rekonstruiert werden können. Der bekannteste und wichtigste aller gültigen Schlüsse ist der sogenannte

Modus *Barbara*, in dem, gemäß den Vokalen dieses Worts, durch zwei allgemein bejahende Verknüpfungen mit dem Mittelbegriff auf eine allgemein bejahende Verknüpfung der Außenbegriffe geschlossen wird:

(1) *Barbara*: »Wenn Schmelzbar immer von Metall gilt und Metall immer von Silber, dann gilt Schmelzbar immer von Silber« (aus AaM und MaC folgt AaC).

In der oben als Kernform des Schlusses vorgestellten Anordnung (in der der Mittelterminus zunächst das enthaltende Subjekt eines ersten, dann aber selbst das enthaltene Prädikat eines dritten Begriffs ist) ergeben von den 16 möglichen Alternativen einer Verknüpfung der Termini in den Prämissen nur *vier* Kombinationen gültige Schlüsse, wobei jedoch für jede Verknüpfungsart der Außenbegriffe im Schlußsatz eine schlüssige Kombination ihrer Verknüpfung mit dem Mittelterminus in den Prämissen gegeben ist. Diese vier sind die wichtigsten, von Aristoteles *„vollendet"* genannten Schlußformen, auf die durch Umformung alle anderen zurückgeführt werden können. Außer dem bereits vorgestellten Schluß *Barbara* handelt es sich um *Celarent*, *Darii* und *Ferio*, für die ich jeweils ein Beispiel und die allgemeine Formel anführen möchte:

(2) *Celarent*: »Wenn Gefiedert nie von Fisch gilt, aber Fisch immer von Grätenbesitzend, dann gilt Gefiedert nie von Grätenbesitzend« (aus AeM und MaC folgt AeC).

(3) *Darii*: »Wenn Wassertier immer von Wal gilt und Wal manchmal von Säugetier, dann gilt Wassertier manchmal von Säugetier« (aus AaM und MiC folgt AiC).

(4) *Ferio*: »Wenn Kiemenbesitzend nie von Säugetier gilt und Säugetier manchmal von Wassertier, dann gilt Kiemenbesitzend manchmal nicht von Wassertier« (aus AeM und MiC folgt AoC).

Das zweite formale Element, das Varianten des Schlusses bedingt, ist die *Stellung des Mittelterminus* in den beiden Prämissen. Aristoteles bezeichnet solche möglichen Stellungen als *„Figuren" (schēmata) des Syllogismus*. Die bisher behandelten Schlüsse gehören alle der 1. Figur an, die allein jene „vollendeten" Schlüsse enthält, auf die alle anderen zurückgeführt werden können. Die Schlüsse der *1. Figur* sind dadurch gekennzeichnet, daß der Mittelbegriff in der ersten Prämisse das enthaltende Subjekt eines anderen, in der zweiten aber das enthaltene Prädikat eines dritten Begriffs ist.

Wenn aber nun der Mittelbegriff nicht diese Stellung innehat, sondern in den Prämissen zweimal als Prädikat fungiert, ergeben sich andere Schlußmöglichkeiten – die Schlüsse der *2. Figur*. Im Modus *Cesare* z. B. schließt der Begriff, der einen anderen Begriff M ausschließt, der seinerseits immer enthalten ist in einem dritten, auch diesen dritten aus:

Cesare: »Wenn Säugetier nie von Fisch gilt, aber Säugetier immer von Wal, dann gilt Wal nie von Fisch« (aus MeA und MaC folgt CeA).

Die 2. Figur (wie auch die 3.) läßt keine positiv allgemeinen Schlüsse zu, sondern nur negativ allgemeine. Die der ersten nachfolgenden Figuren können deshalb keine kategorialen Aussagen (daß ein bestimmtes Prädikat einem bestimmten Subjekt immer zukommt) begründen (s. ZA I 14. 79a 23–32).

In der *3. Figur* ist der Mittelterminus in beiden Prämissen das Subjekt für den ersten bzw. dritten Begriff. In ihrem Schema ist weder ein positiv allgemeiner noch ein negativ allgemeiner Schluß möglich. Denn wenn zwei verschiedene Begriffe in demselben Mittelterminus entweder enthalten oder von ihm ausgeschlossen sind, so weiß man nicht, wie jene sich insgesamt zueinander verhalten, sondern höchstens insoweit sie sich in M treffen. Zum Beispiel:

Darapti: »Wenn Sterblich immer von Mensch gilt und auch Säugetier immer von Mensch, so ist klar, daß Säugetier manchmal von Sterblichem gelten muß« (nämlich *insoweit* es sich dabei zugleich um Menschen handelt); in Buchstaben ausgedrückt: aus AaM und CaM folgt CiA.

Schon Theophrast, der Schüler und Freund des Aristoteles, hat bemerkt, daß eine *4. Schlußfigur* möglich ist, die Aristoteles aus ungeklärten Gründen in seinen ‚Analytiken' nicht berücksichtigt hat, obwohl er die zu ihr gehörigen Schlüsse kennt (vgl. dazu Patzig 1959: 117ff.). Sie verhält sich gleichsam spiegelverkehrt zur ersten und besteht darin, daß die Stellung des Mittelterminus in der ersten und zweiten Prämisse umgekehrt wird, d. h. daß er zunächst als das enthaltene Prädikat eines anderen und erst in der zweiten Prämisse als Subjekt für den dritten Begriff fungiert. Auch die 4. Figur liefert gute Schlüsse wie z. B. *Calemes*, wo ein und derselben Begriff M, der stets in einem anderen enthalten ist, aber zugleich einen dritten ausschließt, den letzteren auch von ersterem ausschließen muß:

Calemes: »wenn Weise immer von Zentaur gilt, aber Tier nie von Weisem, so gilt Tier nie von Zentaur« (aus MaA und CeM folgt CeA).

Während also in den vor allem durch die mittelalterliche Schulphilosophie erarbeiteten Systematisierungen aristotelischer Schlußlogik auf der Basis von 4 Figuren und 4 Verknüpfungsarten (die in jeder Figur 16 Kombinationen zulassen) insgesamt 64 Kombinationen der Termini möglich sind, die 19 gültige Syllogismen ergeben, werden von Aristoteles in den ‚Ersten Analytiken' tatsächlich nur 48 Kombinationen auf Basis der ersten drei Schlußfiguren erprobt. Aus diesen aber ermittelt er korrekt 14 gültige Syllogismen. Doch tut diese Lücke in puncto Vollständigkeit des Systems der Leistung des Aristoteles insgesamt kaum Abbruch, da er selbst zeigt, daß alle gültigen Schlüsse, die es überhaupt gibt, auf die vier vollendeten der 1. Figur zurückführbar sind (s. z. B. EA I 7. 29a 1–25).

4. Das Wissen und sein Erwerb: die ‚Zweiten Analytiken'

4.1 Der allgemeine Begriff des Wissens

Die ‚Zweiten Analytiken' behandeln den Begriff des Wissens und der Wissenschaft (griech. *epistēmē*) und stellen auf diese Weise so etwas wie aristotelische *Wissenschaftstheorie* dar. Unser Wissen von etwas hängt nach Aristoteles von der Kenntnis der *Ursachen* ab, aus denen das betreffende Ding so ist, wie es ist. Schon hier deutet sich ein Grundproblem der ‚Zweiten Analytiken' an, das aber als ein Grundproblem des Wissensbegriffs überhaupt gelten muß, nämlich daß Wissen offenbar nur durch Wissen möglich ist.

Die grundlegende Charakterisierung des Wissens, die Aristoteles gibt, lautet folgendermaßen:

> „Wir glauben, jedes Ding dann schlechthin zu wissen, wenn wir die *Ursache* zu erkennen glauben, durch die das Ding ist: daß sie davon die Ursache ist und daß es sich gar nicht anders verhalten kann. [...] Wenn Wissen das ist, was wir behaupten, so ist notwendig, daß auch die auf Beweis beruhende Wissenschaft aus wahren und primären und unvermittelten [Setzungen] folgt, außerdem aus erkennbareren, früheren und ursächlichen im Vergleich zur Folgerung; denn auf diese Weise werden ja die Prinzipien dem Bewiesenen einheimisch sein." (ZA I 2. 71b 9–13 und 19–27)

Das »Wodurch« etwas ist, was es ist, – also seine Ursache – ist demzufolge ein Sachverhalt oder eine Regel, durch die der fragliche Charakter einer Sache *vermittelt* oder auf sie übertragen wird. Das bedeutet, die Ursache fungiert als ein syllogistischer Mittelterminus in einem Schluß auf die Beschaffenheit der Sache, um die es jeweils geht (s. z. B. ZA I 6. 75a 35–37). Eines der Standardbeispiele des Aristoteles ist „das Verlöschen von Feuer" als Ursache dafür, daß nach einem Blitz ein Donnern zu hören ist. Ein Verlöschen oder rasches in sich Zusammensacken einer Flamme kann nämlich ein knallendes Geräusch erzeugen, so daß das Verlöschen von Feuer einen solchen Knall von den Gegebenheiten, wie sie bei einem Blitz vorliegen, auf den Sachverhalt des ihm nachfolgenden Polterns in den Wolken überträgt und auf diese Weise den Donner erklärlich macht. Eine Ursache ist demzufolge nicht ein *einzelner* materieller Umstand oder ein Ding, das in der Welt vorkommt und irgendeinen Effekt zeitigt, sondern ein allgemeiner Sachverhalt, der einen anderen erklärt, d.h. letzterem eine bestimmte Beschaffenheit vermittelt, zu der er selbst einen primären Bezug besitzt (zu einem derartigen, auf Aristoteles basierenden Ursacheverständnis s. bes. König 1978). Aristoteles verficht ein *epistemologisches* Konzept von Ursächlichkeit (grundlegend dazu: Sorabji 1980: 40–69), nicht ein ontologisches, was oft nicht genügend berücksichtigt wird.

Dies Verständnis von Ursächlichkeit zieht mannigfache Folgerungen nach sich. Zum einen ist mit ihm ein Wissen immer bezogen auf *Allgemeines* und *Notwendiges;* denn man sieht aufgrund der erkannten Ursache durch einen Schluß ein, daß es sich in all *den* Fällen, von denen in ihm die Rede ist, gar nicht anders verhalten *kann* – wie Aristoteles im angeführten Zitat sagt. Zum anderen ist das durch den Schluß begründete Wissen der Sache nur insoweit notwendigerweise wahr, als auch die Prämissen, aus denen sich der Schluß ergibt, für diese Sache notwendig sind. Es könnte ja sein, daß ein getarnter Trommler in den Wolken sitzt, der jedesmal auf die Pauke haut, wenn er einen Blitz sieht, so daß es nicht ein verlöschendes Feuer wäre, das den Donner verursacht. Die Einsicht in die Ursache als »Wodurch« einer Beschaffenheit von etwas verweist uns also noch weiter zurück auf gewisse Rahmenbedingungen oder *Prinzipien,* in deren Geltungsbereich die Dinge liegen müssen, von denen wir ein Wissen durch Ursachen zu haben glauben. Auch dies spricht Aristoteles aus, indem er feststellt, daß ein Wissen aus Ursachen immer zugleich ein Wissen aus

„wahren" und „primären" und ihrerseits nicht weiter begründbaren, also „unvermittelten" Gegebenheiten sei, d.h. insgesamt: ein via Ursachen aus Prinzipien abgeleitetes Wissen.

Die von Aristoteles vorgeschlagene Gestalt des Wissens ist also dreiteilig: ein Wissen (1) der Theoreme oder erklärten Fakten ergibt sich (2) aus der Kenntnis vermittelnder Ursachen für deren Beschaffenheit, die (3) wiederum zurückgebunden sind an die Wahrheit oder Triftigkeit der Prinzipien für die Dinge, von denen eine Erklärung gegeben wird. Diese dreifache Struktur bezeichnet Aristoteles als „Beweis" (oder Demonstration: *apodeixis*). Der Beweis gibt nach Aristoteles die syllogistische Grundstruktur allen Wissens ab und kann in dieser Eigenschaft sowohl als ausgedehnte Theorie über viele Mittelbegriffe gegeben sein als auch in der Form eines kurzen wissenschaftlichen Schlusses aus zwei wahren Prämissen, die drei Termini über einen mittleren verknüpfen. Dieselbe Beweisstruktur macht, wie Aristoteles sagt, die Prinzipien einer Wissenschaft den aus ihr abgeleiteten Tatsachen erst „einheimisch", d.h. man sieht ein, daß es sich angesichts der gegebenen Prinzipien und herausgefundenen Ursachen gar nicht anders verhalten kann.

Daß die erklärte Struktur den Wissenscharakter generell begründet, bedeutet nicht, daß sich nach Aristoteles alle Wissenschaft in Beweisform präsentieren müßte (denn das tut sie nicht; vgl. Barnes 1969); vielmehr ist der Beweis erstens eine *ideale* Darstellungsform, in die man das, was man wirklich zu wissen behauptet, *am Ende* müßte überführen können, und zweitens ein durchgängig anwendbares Betrachtungsinstrument oder *Okular*, durch das man Teilstücke eines Wissensgebiets fokussieren kann (vgl. EA I 30. 46a 4–9), um die jeweils passenden Erklärungen und dazu nötigen Voraussetzungen oder Prämissen erst herauszufinden und so seine Theorie zu stabilisieren (s. dazu Kapp 1965: 84ff.; Detel 1993: Bd. I, 320; Höffe 1996: 76ff.).

Das I. Buch der ‚Zweiten Analytiken' ist im wesentlichen der Einzelerklärung dieser Struktur und ihren Bedingungen gewidmet, das II. Buch dagegen den daraus sich ergebenden Arten der Definition und ihrer Gewinnung sowie den möglichen Formen der Ursächlichkeit. Hier sollen diese Themen nicht weiter ins Detail verfolgt werden (vgl. dazu bes. McKirahan 1992 und Detel 1993, Bd. I). Statt dessen ist auf zwei grundlegende Probleme etwas näher einzugehen, mit denen sich Aristoteles aufgrund des skizzierten Wissensbegriffs in den ‚Zweiten Analytiken' konfrontiert sieht, nämlich erstens das Problem des Anfangswissens und zweitens das Problem des Prinzipienwissens.

4.2 Selbstvoraussetzung und Wahrheitskontakt: zwei wissenschaftstheoretische Kardinalprobleme

Das Problem des Anfangs- oder Vorwissens besteht darin, daß man für jeden Hinzuerwerb von Wissen, d.h. für jedes Lernen bereits ein gewisses Maß von Wissen voraussetzen muß. Diese Schwierigkeit hatte zuerst Platon im ‚Menon' (80e) aufgeworfen, daß man nämlich nicht nach einer Erkenntnis von etwas streben kann, wenn man es nicht schon irgendwie kennt. Um ihr zu begegnen, kam Platon zu seiner Lehre von der Wiedererinnerung an die einst eingeprägten Ideen, die sogenannte Anamnesislehre. Aristoteles beginnt seine ‚Zweiten Analytiken' im Schatten dieser Aporie:

> „Jede Lehre und jedes denkende Lernen erfolgt aus bereits vorher vorhandener Erkenntnis." (ZA I 1. 71a 1f.)

Z.B. muß man, wie Aristoteles anschließend darlegt (vgl. ZA I 1. 71a 11ff.), bestimmte Begriffe „verstehen", die man bei der weiteren Ausgestaltung des Wissens zu verwenden hat; und man muß wissen, daß gewisse Tatsachen der Fall sind, über die man weiteres Wissen erwerben möchte; drittens muß man bestimmte Gesetzmäßigkeiten kennen, die von allem Möglichen gelten, wie z.B. das Widerspruchsprinzip. Aristoteles kann nun verständlicherweise nicht die Auffassung Platons teilen, daß wir ein ursprüngliches Wissen um die Ideen als Prinzipien aller Wissenschaft in uns tragen, weil dies, wie bei Platon, ein Argument für die Existenz von Ideen wäre, die Aristoteles auf allen Gebieten leugnet. Dennoch muß er das gestellte Problem irgendwie bewältigen, das sich auf jeder noch so elementaren Stufe des Wissenserwerbs und Hinzulernens erneut stellt, soweit wir auch zurückschreiten mögen. Aus diesem Grund gelangt Aristoteles zu der nicht unplausiblen These, daß wir bereits *von Natur aus* eine bestimmte Art von Anfangswissen besitzen müssen. Dieses Anfangswissen ist die *Wahrnehmung*, die wir mit anderen Lebewesen gemein haben, auch wenn sie nicht das weitere Vermögen mit uns teilen, aus Wahrnehmungen zu Formen des begrifflich strukturierten Wissens vorzudringen:

> „So ist also klar, daß es weder möglich ist, daß man die Prinzipienkenntnis ursprünglich hat [wie Platon meinte], noch, daß sie in Nichterkennenden, die gar kein Wissen besitzen, sich einstellt. Folglich ist es notwendig, ein gewisses Vermögen schon zu haben, wenn auch nicht ein solches, das in seiner Exaktheit höher einzuschätzen wäre als jene [Kenntnisse, die wir von dieser Basis aus erst hinzuerwerben]. Das scheint nun aber bei allen Lebewesen gegeben zu sein. Denn jedes besitzt ein angeborenes Unterscheidungsvermögen, das man *Wahrnehmung* nennt.“ (ZA II 19. 99b 30–35)

Mit dieser Antwort verpflichtet sich Aristoteles zugleich darauf, einen Weg aufzuzeigen, wie wir von Wahrnehmungen aus zu dem gelangen können, was erkennende Wissenschaft, d. h. Erfassung des Wirklichen durch *allgemeine* Begriffe und Prinzipien ist. Denn die Wahrnehmung geht immer nur auf einzelnes (vgl. dazu insbes. ZA I 31), auch wenn sie Unterschiede und damit eine gewisse Abgehobenheit des einen vom anderen von sich aus deutlich werden läßt. In der Wahrnehmung besteht nur die unterste und nicht durch unsere Erkenntnisleistung grundgelegte noch begründbare

Wurzel des Wissens; sie besitzt nicht auch die oben erklärte Wissensstruktur, die auf einer Kenntnis von Ursachen und damit des Allgemeinen der betreffenden Sache beruht.

Die übrig bleibende Frage, wie wir von der Wahrnehmung zu wissenschaftsfähigen Begriffen und Prinzipien gelangen können, betrifft schon das zweite vorher genannte Problem, nämlich das *Problem des Prinzipienwissens.* Es ist noch um einiges verwickelter als das andere und mit diesem verwoben, weil eben in der Tat keine Wissenschaft in der Lage ist, die Triftigkeit der schließlich angenommenen Prinzipien für den erklärten Sachverhalt zu beweisen (s. z. B. ZA I 9. 76a 16f.).

Die Prinzipien einer Wissenschaft können nach der von Aristoteles gegebenen Definition des Wissens überhaupt nicht in demselben Sinn Gegenstände des Wissens sein wie das, was wir *aus* Prinzipien und *durch* Ursachen wissen. Denn sie haben eben kein »Wodurch« mehr, durch das sie zu erklären wären. Sie müssen aber dennoch *wißbar* sein, weil sonst die aus ihnen durch Ursachen begründeten Sachzusammenhänge ihrerseits kein Wissen ergeben könnten. Denn ein wissenschaftlicher Beweis überträgt die für gewiß genommene Wahrheit der Prinzipien durch vermittelnde Ursachen auf die zu erklärenden Sachverhalte, so daß auch diese gewußt sind. Sind also die ersten nicht wißbar, sind es auch nicht die letzten.

> „Wir aber behaupten keineswegs, daß alles Wissen beweisbar sei; vielmehr ist das [Wissen] von den unvermittelten Prinzipien unbeweisbar. Daß dies notwendig so ist, ist klar. Denn wenn man notwendigerweise das Frühere und das, woraus der Beweis erfolgt, wissen muß, jedoch das, was keinen Mittelbegriff hat, stehen bleibt, dann sind diese Dinge notwendigerweise unbeweisbar. Und sie begreifen wir auf diese Weise und behaupten, daß nicht nur Wissen, sondern auch ein bestimmtes Prinzip des Wissens gegeben sei, *insofern wir die Definitionen erkennen.*“ (ZA I 3. 72b 18–25)

Eine im wissenschaftlichen Sinn komplette Definition ist nämlich nach Aristoteles, wie oben schon kurz hervorgehoben, eine komprimierte wissenschaftliche Theorie (vgl. ZA II 10. 93b 39: „Definition ist eine Darlegung [des Was-Seins], die das Wodurch herausstellt"). Sie gibt die wesentlichen Eigenschaften einer Sache an, und zwar *als erklärt* durch ihre Ursachen und damit zugleich rückgebunden an die Prinzipien einer wissenschaftlichen Theorie solcher Gegenstände überhaupt. Insofern schließt die Erkenntnis einer Definition das Wissen von den Prinzipien des Definierten ein. Folglich *muß* das Prinzipienwissen – wenn auch in einem anderen Sinn von »Wissen« – zu dem wissenschaftlich beweisbaren Wissen, das uns zuletzt die Erkenntnis realer Definitionen beschert, dazugehören. Es fragt sich nur, in welchem Sinn von Wissen das möglich ist.

Die gewußte *Wahrheit* der Ausgangssätze von Erklärungen ist eine Bedingung dafür, daß von Wissen überhaupt die Rede sein kann. Deshalb bleibt das Problem bestehen, wie wir uns eigentlich der Wahrheit der in einer Wissenschaft akzeptierten Prinzipien vergewissern können. Zwar gibt es Prinzipien, die durch sich selbst klar sind, weil ihre Leugnung schon für sich genommen widersprüchlich wäre. Ein solches Prinzip ist für Aristoteles z. B. das Widerspruchsprinzip; für die Philosophie der Neuzeit wäre zudem an das Cartesische »sum res cogitans« zu denken. Aber solche Prinzipien reichen nach Aristoteles nicht aus, um eine Wissenschaft von realen Gegenständen der Welt zu begründen. Die Frage nach der Wißbarkeit bleibt deshalb für all jene Prinzipien virulent, derer man nicht durch sie selbst gewiß sein kann.

Nach dem aristotelischen Wissenschaftsverständnis bleiben nur zwei mögliche Quellen der Wahrheitsvergewisserung von Prinzipien übrig: erstens die Stimmigkeit oder *Kohärenz* mit bereits gegebenen Erklärungen einer Wissenschaft; zweitens die *Wahrnehmung* der Phänomene. Kohärenz allein kann die Wahrheit der angenommenen Prinzipien niemals verbürgen, weil es auch im Irrtum Kohärenz gibt. Umgekehrt kann auch die Wahrnehmung allein keine Wahrheit sichern, weil es Sinnestäuschungen gibt. Aber eine in Übereinstimmung mit der Wahrnehmung bleibende Verallgemeinerung des Wahrgenommenen – und dies so, daß die Kohärenz einer diesbezüglichen wissenschaftlichen Theorie immer erhalten bleibt – kann schließlich doch auf Prinzipien führen, die gerechtfertigtermaßen als wahr zu behaupten und nicht selbstbegründend sind.

Bereits die ersten Verallgemeinerungsschritte des Wahrgenommenen sind nach Aristoteles als die Einführung des Moments der Kohärenz in den Fluß und die ständige Irritation der Wahrnehmung zu begreifen: Eine Wahrnehmung wird mit einer anderen als hinreichend ähnlich erkannt und in einer relevanten Hinsicht in völlige Übereinstimmung gebracht. Den verallgemeinernden Aufstieg aus der Wahrnehmung zu möglichen Prinzipien, den Aristoteles Induktion (*epagōgē* – »aufmerksame Hinwendung« zu gegebenen Fällen, um das relevante Allgemeine daran zu entdecken oder wiederzuerkennen; vgl. dazu EA II 21. 67a 16ff.; 23. 68b 15ff.) nennt, schildert er am Ende der ‚Zweiten Analytiken' in seiner grundsätzlichen Gestalt (der Ausdruck selbst wird dafür ein paar Zeilen später gebraucht ZA II 19. 100b 3–5):

> „Aus der Wahrnehmung ergibt sich Erinnerung, wie wir sagen, aus der häufigen Erinnerung an dasselbe aber Empirie. Denn viele Erinnerungen ergeben numerisch *eine* Empirie. Aus der Empirie aber oder aus einem ganz zur Ruhe gekommenen Allgemeinen in der Seele – dem einen neben den vielen, was in allen jenen als eines und dasselbe ist – haben Kunstfertigkeit und Wissenschaft ihr Prinzip [...]. Somit sind die Prinzipienkenntnisse nicht gesondert in uns vorhanden, noch entstehen sie aus höherstufigen Erkenntnissen, sondern im Ausgang von der Wahrnehmung – wie im Kampf eine Wendung eintritt, wenn, nachdem einer steht, auch ein anderer stehenbleibt und dann noch einer – bis man zum Prinzip gelangt ist." (ZA II 19. 100a 3–13)

Den ganz zum Stillstand gekommenen Erkenntnisgegenstand, also das streng Allgemeine in bezug auf das wissenschaftliche Objekt erfaßt man nach Aristoteles jedoch nicht mehr mit „Empirie" (= Erfahrungsdenken), sondern mit dem reinen Denken (dem *nous*) (ZA II 19. 100b 11–14). Dementsprechend ist es nach Aristoteles der *nous*, der am Ende ein *Wissen* der Prinzipien ohne Beweis ermöglicht, aber dies nur, *nachdem* der Gehalt dessen, was der *nous* als gänzlich unbewegt erfaßt, durch Empirie fokussiert und in Vorschlag gebracht wurde. Man kann nicht sozusagen aus dem Stand durch reines Denken die Prinzipien erfassen, sondern nur auf Basis einer asymptotischen Annäherung des empirischen Befundes an das gänzlich unbewegte Allgemeine, das dann als ein Prinzip der betreffenden Dinge erfaßt wird.

Insgesamt ist der Weg zum gesicherten Wissen also sehr langwierig. Er setzt ein bei der Wahrnehmung, die auch die wissenschaftlich relevanten Züge einer Sache in konfuser Weise und vermischt mit irrelevanten enthält. Empirie und begleitende Theoriebildung durch Einschaltung und Erprobung von Beweisschritten versuchen nun, in diesem Feld, Ursachen von durch sie erklärbaren Fakten (beweisbaren Theoremen) und ihrerseits wiederum erklärbare Ursachen von unbeweisbaren Prinzipien so zu *unterscheiden,* daß die Theorie aufgeht und zugleich die Empirie durch sie genügend widergespiegelt wird. Der Weg in die Wissenschaft ist solch ein Prozeß der fortschreitenden *Selbstartikulation* von in konfuser Weise bereits gegebenen Informationen über einen Wirklichkeitsbereich.

In ihren Prinzipien vergewisserte wissenschaftliche Erkenntnis kann es deshalb nach Aristoteles nur geben, wenn entweder alle ihre Prinzipien selbstbegründet sind (was nicht der Fall ist) oder aber eine *Empirie* mindestens einiger ihrer typischen Gegenstände möglich ist. Natürlich gibt es auch Wissenschaften, die ihre Prinzipien einfach als wahr annehmen (Axiome), wie z. B. die Mathematik. Aber die Gegenstände der Mathematik sind nach Aristoteles eben deshalb auch keine wirklichen Dinge, sondern Abstraktionen von Dingen, bei denen schon der Schritt zum Abstraktum die Gültigkeit der angenommenen Prinzipien voraussetzt, z. B. daß es reine Zahlen (nicht nur Anzahlen realer Dinge) gebe oder materiefreie Raumstrukturen etc. Die Metaphysik dagegen oder auch die Psychologie, deren Prinzipien nicht alle selbstbegründet sind, können ohne eine gewisse Empirie ihrer Gegenstände nicht auskommen.

Aristoteles gehört damit (wie auch Kant) zu den Vertretern der Auffassung, daß der Wahrheitskontakt einer Realwissenschaft für uns (die wir die wahren Prinzipien nicht, wie Gott, in uns selbst haben) nur durch die Wahrnehmung als natürlich gegebenes Vermögen hergestellt werden kann. Andererseits sagt uns die Wahrnehmung nicht, was wirklich relevant ist für eine bestimmte Sache, d. h., sie kann uns nicht sagen, ob das, was wir dafür halten mögen, tatsächlich eine Ursache der fraglichen Sache ist oder nicht. Das können wir nur in der Theorie annehmen, und letztlich muß beides auf einmal klarwerden, indem unsere Erklärungen insgesamt aufgehen und dabei genügend Empirie integrieren können. Aber dieses Aufgehen kann auch trügen, und die Wissenschaft, obwohl sie sich in jedem Stadium »wahr« vorkommt, unterliegt Irrtümern und schreitet in Revisionen fort. Strenggenommen ist die Kluft zwischen dem, was den Wahrheitskontakt herstellt, und dem, was garantiert, daß wir wirklich die Ursache erfassen, nie völlig zu schließen. Aristoteles ist trotz aller (oder wegen aller) Methodenreflexion ein gemäßigter Wissenschaftsskeptiker:

> „Schwer ist es zu erkennen, ob man weiß oder nicht. Denn schwer ist es zu erkennen, ob wir aus den [wahren] Prinzipien eines jeden Dinges dies wissen oder nicht – doch das gerade *heißt* wissen. Wir *glauben* vielmehr, wenn wir aus irgendwelchen wahren und primären Sachverhalten zu einem Schluß gekommen sind, das Betreffende zu wissen. Doch das ist nicht der Fall, sondern es muß dem Primären verwandt sein!" (ZA I 9. 76a 26–30)

Es muß *verwandt* sein – d. h., es muß sich bei dem, was wir aufgrund des beweisenden Schlusses zu wissen meinen, um einen unter seine Prinzipien wirklich einschlägigen Fall handeln, einen Fall, den wir gerade durch *sie* und keine anderen Prinzipien erklären müssen. Es könnte sein, daß unsere ganze Theorie, aus welchen Ursachen sich welche Dinge wie verhalten, sozusagen abgleitet an ihnen, weil wir sie zwar anhand gewisser, sich uns aufdrängender Eigenschaften dieser Theorie zugeordnet hatten, sie aber *selbst* gar nicht Fälle sind, die nach einer solchen Theorie erklärt werden können. Die innere Stimmigkeit einer Theorie bietet nur wenig Anhaltspunkte dafür, ob ihre Prinzipien gerade diesen oder jenen Dingen „verwandt" sind, über die wir die Wahrheit wissen wollen. Denn die wissenschaftliche Rekonstruktion der Sachverhalte ist außerstande, die Triftigkeit ihres Okulars, d. h. ihrer in Definitionen kulminierenden Kategorien, unter denen sie alles betrachtet, für diese Dinge selbst zu beweisen. Das bedeutet: *Keine Wissenschaft kann ihre eigene Wahrheit beweisen, sondern wir können nur durch sie nach der Wahrheit streben oder auf sie gerichtet sein.*

Aus dem erklärten Grund ist für jede echte Wissenschaft (von realen Gegenständen) eine *doppelarmige Verfahrensweise* aus Empirie und erklärender Rekonstruktion unvermeidlich:

> „Die *Vorgehensweise* ist dieselbe sowohl in der Philosophie als auch jeder Technik und jedem Lehrgegenstand: Man muß die vorkommenden Prädikate und worauf sie zutreffen bei jeder Sache examinieren, wie es am besten geht, und *diese Dinge durch die drei Termini [des syllogistischen Verfahrens] betrachten (skopein)*, das eine so ausschließend, das andere etablierend, nämlich so, daß es – sub specie der Wahrheit – aus wahrheitsgemäß vorgezeichneten Bedingungen der Fall ist, für dialektische Schlüsse hingegen aus Prämissen zufolge einer Meinung. Die *Prinzipien* der Schlüsse indessen [...] sind meistens eigentümlich für eine jede Wissenschaft. Deswegen muß man die

Prinzipien den *Erfahrungen (empeiriai)* zu jedem Ding überlassen. Ich meine z. B. der astronomischen Erfahrung die [Prinzipien] der astronomischen Wissenschaft. Denn erst nachdem die Phänomene hinreichend erfaßt worden sind, werden so die astronomischen Beweisführungen gefunden. [...] Daher fällt es uns, wenn das wirklich Vorkommende beim jeweiligen Ding gefaßt ist, leicht, die Demonstrationen herauszustellen. Wenn nämlich keiner von den auf die Dinge wahrheitsgemäß zutreffenden Zügen in der Erkundung *(historia)* übergangen wurde, dann werden wir für alles, wovon es eine Demonstration gibt, sie finden und aufzeigen, aber das, wovon es von Natur aus keine Demonstration gibt, offenbar machen." (EA I 30. 46a 3–10 und 17–30)

Hieraus ersieht man, daß das Beweisverfahren und alles, was damit zusammenhängt – also die Thematik der ‚Zweiten Analytiken' – tatsächlich nur eine Art *Okular* sein soll, durch das wir den Gegenstandsbereich einer Wissenschaft scharfäugig betrachten müssen (vgl. den Ausdruck *skopein* im Zitat), um so eine gerechtfertigte *Trennung* herbeizuführen zwischen dem, was aus Ursachen ableitbar oder erklärbar ist, und dem, was als nicht weiter vermitteltes Prinzip dieser Wissenschaft angesetzt werden muß. Solche nicht mehr weiter vermittelten, also primären Termini *(amesa* oder *anapodeikta)* werden von ihrer Wissenschaft entsprechend nur „offenbar gemacht", nicht irgendwie als wahr oder auf etwas zutreffend bewiesen.

Demgegenüber hat der andere Arm wahrheitsbezogener Wissenschaft, den Aristoteles *empeiria*, d. i. »Erfahrung«, oder *historia* – »wissenschaftliche Erkundung« – nennt, die Aufgabe, an der gesammelten Phänomenalität der Dinge diejenigen zur Wissenschaft geeigneten Züge (Kategorien) zur Abhebung zu bringen, durch die sie mutmaßlich typisch und wesentlich erfaßt werden können, die also eine prinzipielle Bedeutung für sie bergen. Die Empirie und d. h. letztlich unsere Wahrnehmung muß den Kontakt zur Wahrheit herstellen, indem sie das jeweilige Prinzip solcher Dinge pauschal mit den für wesentlich erachteten Zügen in Vorschlag bringt, ohne doch ihrerseits und als solche das Ableitbare vom Unableitbaren, Ursachen von durch sie beweisbaren Folgerungssätzen unterscheiden zu können. Dazu braucht es vielmehr wiederum den anderen, erstgenannten Arm der Wissenschaft, also das syllogistische Okular und den richtigen Umgang mit Definitionen und Mittelbegriffen, Hypothesen und Axiomen, Prämissen und Schlußverfahren.

So muß insgesamt jeder Arm das Seine tragen, damit wahrheitsbezogene Wissenschaft möglich wird, auch wenn das eigentliche Moment der Wissenschaftlichkeit, wie gesagt, dem Wissen der Ursache zukommt und damit dem ersten, demonstrativen Arm.

An der wissenschaftlichen Methodologie des Aristoteles läßt sich eine seiner wichtigen philosophischen Grundeinsichten klarmachen, daß nämlich das Phänomen, in dem die Dinge erscheinen, zu ihrer Wahrheit selbst gehören *muß*, soll eine Erkenntnis von ihnen für uns überhaupt ein sinnvolles Ziel sein. Diese Einsicht ging später in allen drei Schulen der hellenistischen Philosophie verloren, weshalb der Übergang von der Erscheinung zur Wahrheit bei ihnen zu einem schier unauflösbaren Rätsel der Erkenntnistheorie wurde. Das Phänomen ist vielmehr, wie Aristoteles immer wieder hervorhebt, die „für uns erkennbarere" Seite der Wahrheit selbst, gleichsam ihr Zeigefinger, auf dessen Hinweis wir uns verlassen *müssen*, wenn wir zum „Erkennbareren der Natur der Wahrheit nach" vordringen wollen. Könnten wir uns nicht darauf verlassen, hätte all unsere wissenschaftliche Konsequenzmacherei keinen über ihre eigene Binnengestalt hinausgehenden Wert. Erst wenn wir die Verbindung zwischen Phänomen und Wahrheit anerkennen, ist es möglich, daß wir mit Hilfe der Methoden der Wissenschaft *in* den durchs Phänomen bereits gegebenen, vorläufigen Wahrheitsbezug, d. h. *in* das Erkennbarere für uns den wissenschaftlich rekonstruierten Wahrheitsbezug gewissermaßen einschalten. Auf diese Weise wird das Erkennbarere der Wahrheit nach eben auch für uns erkennbar. Weil dies von so grundlegender Bedeutung für die ganze Philosophie des Aristoteles ist, soll eine der eindrucksvollsten Stellen zu diesem Thema am Schluß der Besprechung des »Organon« stehen, obwohl sie nicht aus diesem stammt, sondern aus der ‚Metaphysik‘:

> „Der Erwerb von Wissen gestaltet sich für alle durch das seiner Natur nach weniger Erkennbare hindurch zum mehr Erkennbaren hin. Und dies ist dieselbe Leistung, wie man im Bereich der Handlungen aus dem für jemanden Guten das überhaupt Gute für diesen jemand gut macht; so macht man auch aus dem für jemanden leichter Erkennbaren das der Natur nach Erkennbare erkennbar für ihn. Das für jedermann Erkennbare und zuerst Gegebene wirft zwar oft nur wenig Erkenntnis ab, ist gering und hat nichts vom Seienden an sich. Aber dennoch muß man versuchen, aus dem schlecht zu Erkennenden, aber für diesen einen Erkennbaren das überhaupt Erkennbare zur Erkenntnis zu bringen, indem man durch solche Schritte den Übergang macht.“ (M VII 3. 1029b 3–12)

III. Der ursächliche Bau des Wirklichen

1. Theoretische Wissenschaft und ihre Einteilung bei Aristoteles

Wenn in der Folge vom ursächlichen Bau des Wirklichen bei Aristoteles die Rede ist, so bezieht sich dies, wie anhand der ‚Zweiten Analytiken' deutlich wurde, nicht unmittelbar auf die Dinge der Welt selbst, von denen bei dieser Sichtweise eines als die faktische Ursache des anderen zu beschreiben wäre. Sondern es ist zu beziehen auf die aristotelische »*theōria*« von den Dingen, die da wirklich sind, d. h. auf ihre reine, bloß wahrheitsinteressierte Betrachtung durch die Wissenschaften. Denn der Ursachebegriff ist generell Sache der Wissenschaft und bezeichnet nicht eine Realität an ihr selbst.

Außerdem ist nach Aristoteles, wie in der ‚Kategorienschrift' dargelegt, nicht jedes Ding, von dem eine Wissenschaft möglich ist, etwas Wirkliches im vollen Sinne des Worts. Vielmehr ist nur dasjenige vollendet wirklich, was *getrennt* von anderem vorkommt, ohne ein Fundament in einer ihm noch zugrundeliegenden Realität zu benötigen. So getrennt wirklich *(chōriston)* sind nach der aristotelischen Ontologie allein die Substanzen. Gegenstand von Wissenschaft kann aber auch nicht getrennt Wirkliches sein, z. B. mathematische Größen, die Abstraktionen von bestimmten Zügen am Wirklichen sind, etwa deren Räumlichkeit oder zahlenmäßige Bestimmtheit (s. dazu z. B. S I 1. 403b 14f.).

Insgesamt sind vier Kriterien in Anschlag zu bringen, um den Kernbereich dessen herauszuschälen, was nach Aristoteles zur

»Theorie des Wirklichen« zu zählen ist: (1) die Wahrheitserkenntnis als ihr einziges Interesse; (2) die Forschung nach Ursachen und Prinzipien; (3) die Ausrichtung auf selbständig Wirkliches und (4) gewisse Grundbestimmungen ihres Gegenstandsbereichs. Als zusätzlicher Gesichtspunkt der Unterscheidung gliedert dann (5) der Vorrang *eines* bestimmten ursächlichen Aspekts von mehreren möglichen den durch die ersten vier Kriterien eingegrenzten Kernbereich theoretischer Wissenschaft in einzelne Pragmatien.

(1) Kraft des ersten Kriteriums werden die theoretischen Wissenschaften überhaupt von den praktischen (d. h. Handlungswissenschaften wie Ethik und Politik) und den poietischen (d. h. hervorbringenden Wissenschaften wie Rhetorik und Poetik) abgegrenzt:

> „Es ist durchaus richtig, die Philosophie als Wissenschaft von der Wahrheit zu bezeichnen, denn das Ziel der theoretischen Wissenschaft ist Wahrheit, das der praktischen aber die Tat; denn auch da, wo die Praktiker untersuchen, wie sich etwas verhält, betrachten sie daran nicht das Ewige, sondern dasselbe in relativer und auf die jetzige Situation bezogener Weise." (M II 1. 993b 19–23)

Diese Abgrenzung darf nicht zu der Vorstellung verleiten, Aristoteles nenne all das schon Philosophie, was nicht auf praktische Zielsetzungen gerichtet, also theoretisch im weitesten Sinne des Worts ist. Vielmehr sind beispielsweise die ‚Meteorologie' oder ‚Allgemeine Tierkunde' zwar ebenso theoretisch zu nennen wie auch die ‚Physik' oder ‚Metaphysik', ohne doch Beispiele dessen zu sein, was Aristoteles unter Philosophie versteht. Vielmehr ist hierzu ein weiteres Kriterium der Einteilung ins Spiel zu bringen.

(2) Theoretische Wissenschaft im engeren Sinne als „Philosophieren über die Wahrheit" schlechthin (s. M I 3. 983b 2 f.; vgl. S I 1. 402a 4–6; P I 5. 188b 27–30; 8. 191a 24–27 u. a.) erfordert nach Aristoteles eine primäre Ausrichtung auf *Ursachenforschung*, weil

wir, wie er gleich im Anschluß an das vorherige Zitat hervorhebt, das Wahre nicht wissen können ohne die Ursache:

> „Jedoch wissen wir das Wahre nicht ohne die Ursache. Denn überall ist das, wodurch auch anderem eine synonyme Eigenschaft zukommt, das betreffende in eminenter Weise im Vergleich mit dem übrigen, wie z.B. das Feuer das Wärmste ist; denn auch von den anderen Dingen ist dies die Ursache des Warmseins. Entsprechend ist auch das Wahrste für die nachfolgenden Dinge die Ursache für ihr Wahrsein." (M II 1. 993b 23–27)

Durch diese Passage erweist zugleich eine unserer Feststellungen aus den ‚Zweiten Analytiken' ihre Gültigkeit auch für die ‚Metaphysik', daß nämlich eine Ursache und noch mehr ein Prinzip von Aristoteles als syllogismusfähiger Mittel- bzw. Primärterminus aufgefaßt wird, der einen zu erklärenden Charakter an etwas Abgeleitetes vermittelt und infolgedessen den fraglichen Charakter in eminenter Weise auch selbst besitzen muß.

Gegenüber den nach der Wahrheit schlechthin forschenden und deshalb primär *Ursachen* ermittelnden Wissenschaften gibt es unter den theoretischen Wissenschaften insgesamt aber auch die primär *empirisch* interessierten und ihren Befund möglichst vollständig und wirklichkeitskonform aufgliedernden Wissenschaften, zu denen einige der biologischen Pragmatien des Aristoteles, aber auch sonstige Regionalwissenschaften wie z.B. die ‚Meteorologie' gerechnet werden dürfen. Sie können passend als Sachkunden *(historiai)* im Unterschied zu den Ursachenwissenschaften bezeichnet werden. Zwar werden in jeder Wissenschaft *beide* früher herausgestellten Arme der Wissensfindung eingesetzt, der empirische *und* der ursachenforschende Arm; doch haben sie jeweils unterschiedliche Priorität.

(3) Drittens ist auch der *Realitätsstatus* der Gegenstände und ihrer herausgestellten Prinzipien und Ursachen zu differenzieren.

Denn manche Wissenschaften ermitteln Ursachen, die nur *in Beziehung auf gewisse abstrakte Eigenschaften* von wirklichen Substanzen Ursachen heißen und die deshalb auch selbst nur abstrakte Größen oder Formelemente sind. Dementsprechend stehen sie insgesamt unter dem Vorbehalt der bloß abgeleiteten Realität ihrer Prinzipien. So versteht Aristoteles z. B. die mathematischen Wissenschaften (s. ZA I 13. 79a 3–10).

Demgegenüber sind die Gegenstände, auf die die Philosophie als „Wissenschaft der Wahrheit" gerichtet ist, nach allgemeiner Auffassung faktisch existierende und getrennt vorkommende Dinge, d. h. Substanzen:

> „Es gibt so viele Teile der Philosophie, wie Substanzarten." (M IV 2. 1004a 2f.)

Mit Blick auf die Substanzialität der zu erklärenden Gegenstände lassen sich also die eigentlich philosophischen Wissenschaften von den mathematischen noch einmal unterscheiden, obwohl Aristoteles gelegentlich auch die Mathematik als eine der »Philosophien« bezeichnet (z. B. M VI 1. 1026a 18f.). Im Großen und Ganzen aber gilt, daß Aristoteles die Philosophie als ursächliche Wirklichkeitswissenschaft gerade abgrenzen möchte von aller Mathematik als (zwar ebenfalls ursächlich ausgerichtete) Abstraktionswissenschaft. So beschwert er sich z. B. im I. Buch der ‚Metaphysik' über diejenigen unter seinen früheren Mitstreitern an der Akademie, die die Mathematik zur Philosophie gemacht hätten:

> „Während höchste Wissenschaft *(sophia)* die Ursache in bezug auf die *erscheinenden* Dinge sucht, haben wir [die Akademiker, zu denen sich auch Aristoteles selbst zunächst einmal rechnet] dies unterlassen. Denn wir sagen gar nichts über die Ursache »Woher das Prinzip der Bewegung«, sondern behaupten andere Substanzen in dem Glauben, die Substanz *dieser* Dinge [der offenbaren Welt] darzulegen, so als wären jene die Substanzen

dieser, wie wir mit leeren Ausdrücken erklären. Denn das Teilhaben, wie schon früher betont, ist nichts. Also rühren die Ideen auch nicht an das, was wir im Feld der Wissenschaften als ursächlich beobachten, wodurch alles Denken und alle Natur produktiv ist, diejenige Ursache, die *wir* [damit ist nun nur Aristoteles gemeint] als eines der Prinzipien behaupten [die Bewegungsursache], vielmehr ist den Heutigen die Mathematik zur Philosophie geworden, obwohl sie beteuern, daß man sich mit ihr nur um des anderen willen abgeben müsse.“ (M I 9. 992 a 24–b1)

Hier ist deutlich genug gesagt, daß die Zielrichtung der Philosophie als am meisten der Wahrheit verpflichtete Wissenschaft dem per se Wirklichen gilt und daß dies einen Einfluß auf die Beschaffenheit der Ursachen und Prinzipien hat, die in ihr erklärungskräftig sein können: daß sie nämlich selbst *bewegende* und damit wirklichkeitsmächtige Ursachen zu sein haben.

Die theoretischen Wissenschaften, die das dritte Kriterium erfüllen, bezeichne ich, neben dem aristotelischen Ausdruck »Philosophie«, auch als *Grundlagenwissenschaften.*

(4) Philosophie als Wahrheitswissenschaft überhaupt unterteilt Aristoteles wiederum nach gewissen Grundbestimmungen ihrer Gegenstände in „Erste“ und „Zweite“ Philosophie. Die Zweite Philosophie ist die »Physik« (*physikē* – gemeint ist nicht die ‚Physik‘ als Titel einer bestimmten Pragmatie, sondern generell die Naturphilosophie), soweit sie primär ursächlich orientiert und auf selbständig Existierendes gerichtet ist. Ihr Gegenstand ist, wie Aristoteles sagt, „getrennt Wirkliches, aber nicht Unbewegtes“ (M VI 1. 1026 a 13 f.). Die Erste Philosophie dagegen ist die später sogenannte »Metaphysik«, die im Gegensatz zur Zweiten, auf „getrennt Wirkliches und Unbewegtes“ gerichtet ist (M VI 1. 1026 a 16) und davon die Prinzipien und Ursachen herauszustellen hat. An anderen Orten charakterisiert Aristoteles die Erste Philosophie auch als gesuchte Wissenschaft „von den Prinzipien und Ursachen des Sei-

enden, insofern es Seiendes ist" (M IV 1. 1003a 21–32; VI 1. 1026a 30–32; VII 1. 1028b 2–4; XII 1. 1069a 18f.). Diese doppelte Bestimmung des Vorhabens der ‚Metaphysik' als Erster Philosophie bedarf einiger Erläuterungen (schon Jaeger 1923/1955 machte diese Differenz zur Grundlage seiner Entwicklungshypothese; sehr skeptisch zur Homogenität der ‚Metaphysik' als Wissenschaft äußert sich in neuester Zeit z.B. Barnes 1995: bes. 101ff.).

Wenn und insofern etwas definitiv *ist*, erachtet Aristoteles den bestimmten Zustand (den Terminus), in dem es ist, für *unbeweglich* gegeben (vgl. P V 1. 224b 11–13), weil jede Bewegung, im Gegensatz dazu, sich immer zwischen *verschiedenen* Zuständen oder Termini abspielt, d.h. die Sache in einem Übergang *(metabolē)* begriffen sein muß und so keiner von beiden definitiv auf sie zutreffen kann. Diese Auffassung ist gewiß als ein Erbstück aus urplatonischer Philosophie bei Aristoteles (vgl. z.B. Platons ‚Kratylos' 439d–440a) anzusehen, doch hat der Gedanke durchaus seine Berechtigung. Denn Bewegung ist nun einmal etwas anderes als eine Abfolge getrennter (»diskreter« – im Gegensatz zu »kontinuierlicher«) Zustände an einer Sache, in deren jeweiliger Charakteristik sie definitiv verfaßt und gegeben »ist«; vielmehr besteht Bewegung immer in der *Kontinuität* eines die bewegte Sache differenzierenden Geschehens. Dadurch wird klar, daß die oft beschworene wissenschaftliche Hinsicht der Ersten Philosophie – nämlich die auf das Seiende, insofern es *Seiendes* ist – ihren Gegenstand zugleich als „*Unbewegtes*" bestimmen kann. Denn genau dies macht sie nach Aristoteles verschieden von der Hinsicht der Zweiten Philosophie, die, wie schon gesagt, zwar ebenfalls „Getrenntes", d.h. selbständig Wirkliches betrachtet, aber unter der Hinsicht, daß es *in Bewegung* ist oder sein kann (M VI 1. 1025b 26f.; 1026a 13f.; P I 2. 185a 12f.).

Was nun nicht nur auf akzidentielle Weise, sondern selbst unmittelbar in Bewegung ist, das ist nach Aristoteles immer ein *materieller Körper*. Deshalb betrifft alle „Zweite Philosophie" Ursachenforschung in Beziehung auf die volle Wirklichkeit materieller

Körper und ist demgemäß eben „Naturwissenschaft" *(physikē)* im Sinne des Aristoteles. Doch kann man trotzdem sagen, daß materielle Körper manchmal auch definitiv etwas *sind,* d.h. in dieser Hinsicht, wo sie das Betreffende *sind,* auch *nicht* in Bewegung begriffen sein können. Zum Beispiel ist eine Ameise definitiv eine Ameise, anders als etwa ein Berg, der dabei ist, abgetragen zu werden, oder eine Pfütze, die fortwährend verdunstet. Man kann deshalb nicht einfach sagen, daß die Erste Philosophie *andere Dinge* betrifft als die Zweite, sondern sie betrifft alles getrennt Wirkliche, insofern es ist, während die Zweite Philosophie alles getrennt Wirkliche nur insofern behandelt, als es *bewegt* ist oder sein kann; letzteres aber sind *immer* materielle Körper, während der Gegenstand der Ersten Philosophie zwar ebenfalls manchmal, aber womöglich *nicht immer* ein materieller Körper ist.

An diesem Punkt erhebt sich nun die Frage, die Aristoteles auch sogleich selbst stellt (M VI 1. 1026a 27–32), ob, so gefaßt, die Gegenstände der Ersten und Zweiten Philosophie in letzter Analyse überhaupt Verschiedenes sind oder nicht. Denn es könnte sein, daß was immer definitiv und unbewegt Seiendes ist, wenn man es in seiner vollständigen Wirklichkeit auffaßt, doch nur in Gestalt eines materiellen Körpers vorkommt (wie z.B. die Ameise). In diesem Fall wäre die Zweite Philosophie in Wahrheit die primäre und erste Wissenschaft und von der sogenannten »Metaphysik« ununterscheidbar. So steht das Projekt der Ersten Philosophie nach Aristoteles insgesamt im Lichte der Frage, ob das unbewegt oder definitiv Seiende nicht nur ein durch die spezielle Hinsicht der primären Wissenschaft definiertes und zugrundegelegtes *Objekt* ist (das in seiner vollen Wirklichkeit genommen jedoch immer materiell wäre), sondern ob erweislichermaßen auch etwas existiert, das *als getrennte und vollständig aufgefaßte Wirklichkeit* zugleich insgesamt ein Unbewegtes ist (M VI 1. 1026a 27f.; VII 11. 1037a 10ff.; 17. 1041a 7–9; XII 6. 1071b 3–5; 10. 1075b 24ff. u.a.). Dies aber wäre nach Aristoteles Gott oder eine göttliche und zugleich unsichtbare (weil *immaterielle*) Wirklichkeit. Deshalb würde nur unter dieser Bedingung eine Erste Philosophie *im Unterschied* zur Zweiten, die auf Natürliches geht, gegeben und somit die Wissenschaft vom Seienden, insofern es Seiendes ist, zugleich als „Theologie" zu bestimmen sein (s. M I 2. 983 a 5–11; VI 1. 1026 a 19).

Man muß Aristoteles, dem Begründer der »Metaphysik« neben Platon, also zugute halten, daß er bei ihrer Begründung erwogen hat, daß es sie vielleicht gar nicht gibt. Das ist eine lobenswerte wissenschaftliche Einstellung in Beziehung auf das, was per Voraussetzung nicht wahrnehmbar, nicht phänomenal gegeben sein kann. Denn alles Wahrnehmbare ist nach Aristoteles auf jeden Fall materieller Körper. Zugleich ist klargeworden, auf welche Weise *allein* Aristoteles behaupten kann, daß die Erste von der Zweiten Philosophie in der Tat unterschieden werden muß: nämlich nur dann, wenn sich durch die wissenschaftliche Analyse des Seienden, insofern es Seiendes (nicht etwa Bewegtes) ist, zeigen sollte, daß Unbewegtes und doch zugleich getrennt und materiefrei Wirkliches als nicht weiter ableitbare Prinzipien und Ursachen des Seins des Seienden angenommen werden *müssen* (vgl. M VII 16. 1040 b 34–1041 a 2).

Das ist nun genau die These und Programm der ‚Metaphysik', die eben nach *„Prinzipien"* oder *„ersten Ursachen"* des Seienden, insofern es seiend ist, zu suchen hat (M IV 1. 1003 a 31; VI 1. 1025 b 3 f.; XII 1. 1069 a 18 f. Vgl. ferner I 2. 982 b 8–10). Da sich Aristoteles am Anfang seiner so projektierten Unternehmung dessen noch keineswegs sicher gewesen zu sein scheint, ist die unter dem Titel ‚Metaphysik' überlieferte Pragmatie für ihn zunächst einmal nicht mehr als die Frage danach, *ob* es vom Seienden als solchen überhaupt eine Wissenschaft gibt *oder etwa nicht* (ob es unter ihrer Hinsicht unableitbare Prinzipien des Seienden gibt oder nicht), d. h. sie ist, wie Aristoteles sie auch gerne bezeichnet hat (M I 2. 982 a 4; 982 b 8; 983 a 21; ferner 9. 992 a 24 und III 1. 995 a 24), nur eine erst *„gesuchte"*, nicht eine bereits etablierte Wissenschaft.

(5) Bevor Aristoteles noch irgendeine weitere Unterteilung der Philosophie als Wahrheitswissenschaft vorgenommen hat, zählt er

im I. Buch der ‚Metaphysik' alle Ursachearten auf, die für eine Ursachenwissenschaft vom getrennt Wirklichen überhaupt in Betracht zu ziehen sind:

> „Weil deutlich ist, daß man ein Wissen von den aus Prinzipien gerechtfertigten Ursachen her gewinnen muß (denn dann behaupten wir, jedes Ding zu wissen, wenn wir glauben, die primäre Ursache zu kennen), weil jedoch die Ursachen auf viererlei Weise zu begreifen sind, von denen wir **eine** Ursache die »Substanz« *(ousia)* und das »definierende Sein« *(to ti ēn einai)* nennen (denn die Frage Wodurch? wird auf die schließliche Definition [einer Sache] zurückgeführt, Ursache und Prinzip aber ist eben das erste Wodurch), eine **andere** aber die »Materie« und das »Zugrundeliegende«, die **dritte** das »Woher das Prinzip der Bewegung« und die **vierte**, als ihr Gegenstück, das »Worumwillen« und das »Gute« (denn dies ist Ziel *(telos)* des Werdens und aller Bewegung), so wollen wir [...] auch die Früheren, die vor uns in eine Untersuchung des Seienden eintraten und über die Wahrheit philosophierten, zu dieser Frage beiziehen." (M I 3. 983a4–b3)

Es ist dies der klassisch gewordene Ausdruck der sogenannten Vier-Ursachen-Lehre des Aristoteles. Schulmäßig und in den Worten der aristotelischen Tradition gesprochen, werden unterschieden die *Formalursache* („definierbare Substanz" = „Form" nach Aristoteles) an erster Stelle, sodann die *Materialursache*, drittens die *Bewegungsursache* oder *effiziente* Ursache und schließlich die *Final- oder Zielursache*, um derentwillen etwas geschieht. Die Formalursache erklärt einen bestimmten Effekt oder einen auffälligen Zug an einer Sache durch seinen Zusammenhang mit ihrer Definition, z. B. die heilende Wirkung des kühlen Wadenwickels bei Fieber dadurch, daß Fieber in erhöhter Körpertemperatur besteht; die Materialursache dagegen durch Angabe der Materie oder eines Bestandteils von etwas, wie z. B. die Härte des Stahls durch den eingearbeiteten Kohlenstoff; die Bewegungsursache erklärt das Eintreten einer Veränderung durch die Angabe des primär Bewegenden, wie z. B. die Bildung eines Fötus im Hühnerei durch die Einwirkung eines Hahns; die Finalursache schließlich erklärt den Abschluß einer Bewegung durch die Vollendung der mit ihr erreichten Form, wie z. B. die der Form eines lebendigen Kükens im Ei.

Da die Aufgabe der Ersten Philosophie, wie gesehen, die Suche nach Prinzipien und ersten Ursachen des *Seienden* als solchen, das *primär* oder ursächlich Seiende aber die Substanz ist und weil zudem der Gegenstand der Ersten Philosophie von Aristoteles als „unbewegt" eingestuft wurde, so ist klar, daß sie vor allem an der *ersten* der genannten Ursachearten interessiert sein muß, also am definierenden Sein oder der Formalursache. Die übrigen Ursachearten wird sie hingegen nur insoweit berücksichtigen, als sie der Herausarbeitung der ersten dienen oder Bedingungen für sie betreffen. Das deckt sich mit dem offensichtlichen Befund der Themenwahl in der ‚Metaphysik', wie wir sie heute vor uns haben. Sie behandelt in vorderster Linie den Begriff der Substanz und das definierende Sein des getrennt Wirklichen, also seine erste Ursache, und zieht Bewegungs-, Ziel- und Materialursachen nur im Blick auf jene mit heran.

Nicht jede philosophische Wissenschaft im erklärten Sinn kümmert sich also um alle Ursachearten gleichermaßen. Vielmehr legt eine jede von ihnen ihre Priorität in nur *eine* der Wirklichkeit erklärenden Ursachen an vorderster Stelle und behandelt die anderen nur, insofern sie für die Klärung der primär betrachteten Ursache einen Beitrag leisten. Dies führt zu der Einsicht, daß Aristoteles nicht nur zwischen Erster und Zweiter Philosophie (zwischen Metaphysik und Naturwissenschaft) in der dargestellten Weise unterscheidet, sondern auch innerhalb der Zweiten oder Naturphilosophie noch einmal mehrere *Grundlagenwissenschaften* kraft ihrer primären Orientierung an verschiedenen Ursachearten auseinanderhält. Die drei der Zweiten Philosophie zuzurechnenden Grundlagenwissenschaften – neben der Ersten Philosophie als der vierten – sind ausgeführt in der ‚Physik', in ‚Über Werden und Vergehen' und in der Pragmatie ‚Über die Seele'.

Die ‚Physik' ist zwar die Leitwissenschaft der gesamten Zweiten Philosophie, aber doch nicht die einzige, die den Rang einer Grundlagenwissenschaft beanspruchen kann. Auch sie behandelt getrennt Existierendes, jedoch nur, insofern es *in Bewegung* ist oder sein kann. Bewegung aber ist sinnvoll nur in Beziehung auf materielle Körper und erfordert darüber hinaus bestimmte Rahmenbedingungen an ihnen, wie etwa räumliche und zeitliche Bestimmbarkeit. Hieraus ergeben sich die Hauptthemen der ‚Physik' als Wissenschaft, und es ist klar, daß sie vor allem solche Ursachen und Prinzipien als unabweisbar herausstellen wird, die *Ursachen der Bewegung* sind. Eine von ihnen ist das Prinzip »*physis*« selbst (s. P II 1. 192b 20–22); eine andere der »unbewegte Beweger«, den wir auch in der ‚Metaphysik' kennenlernen werden, wo er allerdings noch andere Erklärungsrollen außer dem des primär Bewegenden zu übernehmen hat.

Eine weitere Grundlagenwissenschaft im Rahmen der Zweiten Philosophie stellt die Pragmatie ‚Über Werden und Vergehen' dar. Sie behandelt das getrennt Existierende, insofern es werdendes und vergehendes ist. Klarerweise ist auch diese Hinsicht nur in Beziehung auf materielle Körper überhaupt sinnvoll und greift als vorrangig einschlägige Ursacheart die Ursache im Sinne von *Materie* des Werdens auf (vgl. VW I 3. 317b33–318a10). Alles Werden muß nach Aristoteles »aus etwas«, das schon gegeben ist, erfolgen, dies aber ist immer eine Materie. Dieselbe Pragmatie behandelt zudem alle Bedingungen, die für die Möglichkeit von Werdeprozessen erfüllt sein müssen, und natürlich auch andere Prinzipien und Ursachen, insoweit sie für das Werden in seinen verschiedenen Spielarten von Wichtigkeit sind.

Schließlich untersucht auch die Pragmatie ‚Über die Seele' wiederum getrennt Existierendes, aber nur, insofern es *lebendig* oder *beseelt* ist. Auch die Hinsicht auf beseelt Lebendiges ist laut Aristoteles sinnvoll allein mit Bezug auf körperlich oder materiell Existierendes, nämlich die Organismen. Leben aber ist nach seiner Auffassung ein besonders hochentwickelter „Vollendungszustand" (*entelecheia*, vgl. S II 1. 412a 13–28) der Materie, den nicht alle Körper schon als Körper erreichen, sondern nur auf bestimmte Weise organisierte, für die dann das Leben »Ziel« oder »Worumwillen« ihrer Existenz ist (z.B. S II 4. 415a 15–20). Unter dieser Hinsicht wird das selbständig Wirkliche also betrachtet werden, insofern es natürlich ausgezeichnete Zielzustände oder Finalität besitzt, und die herausgestellten Ursachen und Prinzipien werden insbesondere *Finalursachen* sein. Das schließt nach Aristoteles keineswegs aus, daß die Seele zugleich die Formal- und Bewegursache ihres Körpers ist und sie auch in diesen Kausalrollen in ‚Über die Seele' mitbehandelt wird (zu einer auf Ursachen gerichteten Selbstdefinition dieser Pragmatie vgl. S II 2. 413a 11–25).

Die offenbar enge Anbindung einer jeden der vier Grundlagenwissenschaften an eine der vier Ursachen als ihre primäre Klärungsaufgabe unterstreicht noch einmal, daß die berühmt-berüchtigte Vier-Ursachen-Lehre des Aristoteles nicht etwa *Dinge* bezeichnet, die in der Welt vorkommen (so als gäbe es im Kreis aller Dinge auch »Ziele« oder »Definitionen« [= Formalursachen] etc.), sondern daß sie insgesamt nur *Erklärungsparameter* nennt, die in je einer dieser Wissenschaften besondere Berücksichtigung finden, obwohl auch die anderen insoweit herangezogen werden, als sie für die erklärende Rolle der einen von Wichtigkeit sind (vgl. dazu bes. Sorabji 1980: 40ff.; 69; 155ff.). Das ist insbesondere für den Begriff von Zielursachen innerhalb der Natur bedeutsam – von denen Aristoteles bekanntlich ausgiebigen Gebrauch macht. Denn eine solche Zielursächlichkeit ins Spiel zu bringen, bedeutet dann nicht mehr, daß Ziele und Absichten als solche in der Natur oder bestimmten natürlichen Wesen existieren, sondern nur, daß für eine zufriedenstellende Erklärung der Phänomene (z.B. daß gewisse Werdeprozesse in einen bestimmbaren Endzustand einmünden, andere hingegen nicht) nach Aristoteles' Meinung auf ausgezeichnete Zielzustände oder teleologische Strukturen Bezug genommen werden muß (vgl. hierzu Kullmann 1979: 9; 38 ff.; Nussbaum 1978: 74 ff.). Wenn man demgegenüber zeigen könnte, wie eine genügende Erklärung auch ohne dies möglich ist, so wäre Aristoteles damit wahrscheinlich auch zufrieden gewesen.

2. Erste Philosophie: Das Seiende als solches und seine Prinzipien

2.1 Gibt es überhaupt eine ‚Metaphysik' des Aristoteles?

Die ‚Metaphysik' ist zwar kein abgeschlossenes und vom Autor durchkomponiertes Werk wie andere Pragmatien, etwa die ‚Nikomachische Ethik' oder ‚Über Werden und Vergehen'. Dennoch geht es entschieden zu weit, mit manchen namhaften Aristotelesforschern (nach Jaeger 1912 z. B. Düring 1966: 286 f.; 591 ff. und Barnes 1995: 69; 108) zu meinen, Aristoteles habe mit ihr gar keine wissenschaftlich zusammengehörige Pragmatie verfaßt, die einen gemeinsamen Titel wie ‚Metaphysik' verdiene; es handle sich bei ihr nur um ein „Sammelwerk" aus Einzelschriften, die ein gewisser Andronikos von Rhodos (der gelehrte Herausgeber des Aristoteles im Rom des 1. Jahrhunderts v. Chr.) mangels anderer Zuordnung provisorisch mit dem Titel »Schriften *nach* denen über Natürliches« *(ta meta ta physika)* ausgestattet habe.

Vielmehr hat Andronikos durchaus richtig gesehen, daß in diesem Konvolut ein angebbar einheitliches Wissenschaftsunternehmen vorliegt, eben – wie es sich selbst bezeichnet – das der „Ersten Philosophie", in der als einheitgebende Fragestellung das Seiende unter der Hinsicht analysiert wird, daß es *seiend* ist. Als eine *wissenschaftliche* Untersuchung wird diese Betrachtung also unableitbare „Prinzipien und erste Ursachen" des Seienden, insofern es seiend ist, herauszustellen suchen – sofern es, wie im vorigen Abschnitt gesagt, dergleichen überhaupt gibt.

Die wissenschaftlich begründete These der ‚Metaphysik' ist, daß es tatsächlich solche Prinzipien und Ursachen gibt, genauer gesagt *drei*, die nicht aufeinander zurückgeführt werden können, aber dennoch in mannigfacher Weise miteinander zusammenhängen, nämlich:

(1) die „primären Substanzen" *(prōtai ousiai)* oder „Formen" *(eidē)* wahrnehmbarer Dinge;

(2) die „ausgeübte Wirklichkeit" *(energeia)* gegenüber bloßem Vermögen *(dynamis);*

(3) „Gott" als „sich denkendes Denken" *(noēsis noēseōs).*

Diese drei sind die äußersten, von Aristoteles in der Ersten Philosophie ermittelten Ursachen dafür, daß Seiendes seiend ist in jedem Sinn (s. u.), den dieses merkwürdige Wörtchen annehmen kann.

Daß dies abstrakt und unverständlich klingt, kann nicht verwundern, da ja eben die ‚Metaphysik' dazu da ist, es im einzelnen zu erklären und auseinanderzusetzen. Dennoch erkennt man aus dieser Vogelperspektive auf die gesamte Pragmatie leichter, daß so gesehen weder eines ihrer Bücher herausgenommen werden darf, noch irgendeine andere uns bekannt gewordene Schrift des Aristoteles in ihren Kreis aufgenommen werden müßte, um sie vollständig zu machen. Welche andere Bedingung aber wollte man stellen, um von *einer* Pragmatie bei Aristoteles zu sprechen?

Mehr aus der Nähe betrachtet kann gesagt werden, daß das I. Buch eine klare Einleitung in das ist, was das II., IV. und VI. Buch als ein bestimmbares wissenschaftliches Unternehmen charakterisieren und was das VII.–X. und XII.–XIV. Buch auf eine freilich bisweilen etwas disparat wirkende Weise und mit manchen Wiederholungen auch durchführen. Buch XI bleibt dabei außer Betracht, weil es nach allgemeiner Auffassung wohl nicht von Aristoteles stammt. Die vielen historische Vorläufer zur Wahrheitswissenschaft behandelnden Teile hingegen und besonders die wiederkehrenden Auseinandersetzungen mit der platonisch-akademischen Philosophie, ebenso wie das Aporienbuch (III) und das sogenannte »Lexikon« der Bedeutungsdifferenzen (V) sind – nach den oben behandelten Maßstäben der ‚Topik' – eindeutig dialektische Teile der Pragmatie. Solche dialektischen Erwägungen gehören jedoch notwendig zur Ersten Philosophie, wenn anders eine Grundlagenwissenschaft, noch dazu eine, die nicht bereits einem etablierten Kanon angehört, vor den Ansichten des gesunden Menschenverstands und der Überlieferung der »Weisen« in ihrem wissenschaftlichen Anspruch gerechtfertigt werden soll.

Der Versuch, die ‚Metaphysik' als ein in sich stimmiges wissenschaftliches Unternehmen des Aristoteles zu verteidigen, stellt weder die Fragwürdigkeit der Anordnung noch die zeitliche Disparität der Bücher oder einzelner Teile von ihnen in Abrede, noch wird damit ein durchgängiger Werkcharakter für die überlieferte Pragmatie behauptet. Aber mit derlei Mängeln steht sie auch nicht einzig da im Œuvre des Aristoteles (vergleichbar ist z. B. die ‚Politik'), so daß kein Grund zu der Meinung besteht, das Projekt einer Metaphysik als Erste Philosophie stamme gar nicht von ihm.

2.2 Die Analogie des Seins

Obwohl wir, wie Aristoteles vor allem im IV. Buch zeigt, immer etwas *Bestimmtes* meinen müssen, wenn wir Ausdrücke wie »ist« oder »seiend« legitimerweise gebrauchen, ihnen also eine gewisse synonyme Kraft als wissenschaftsfähige Begriffe nicht abgesprochen werden kann, meinen wir jedoch nicht immer *dasselbe* mit ihnen. Wir meinen damit aber auch nicht einfach *Verschiedenes*, sondern unter sich irgendwie Zusammenhängendes, was aber in seiner relativen Verschiedenheit nicht durch inhaltliche Prädikate beschrieben werden kann. Dieses merkwürdige und zum Nachdenken herausfordernde Gefüge der unterschiedlichen Bedeutungen von »sein« macht schon eine der zentralen Thesen der ‚Metaphysik' aus.

Mit einem Schlagwort des Aristoteles gesprochen: Das Seiende ist keine oberste Gattung (wie ausdrücklich bei Platon), von der alle unterscheidbaren Bedeutungen des Worts Unterarten wären (s. bes. M III. 3. 998b 14–28). Das beste Argument, das Aristoteles für diese These gefunden hat, ist, daß ja auch die eine Gattung differenzierenden Termini etwas Seiendes darstellen müssen (wie z. B. das »Zweifüßigsein« als Differenz für »Mensch« in der Gattung der »Lebewesen« etwas Seiendes bedeuten muß), daß jedoch weder die Arten eines Gattungsbegriffs noch dieser selbst von den sie differenzierenden Begriffen ausgesagt werden können. Zum Beispiel kann man von der Zweifüßigkeit weder sagen, daß sie Mensch noch ein Nilpferd, noch auch ein Lebewesen ist. Entsprechend dürfte man »seiend« – wenn es eine Gattung wäre – nicht von »Zweifüßigsein« aussagen. Daß man dies aber kann und sogar muß, zeigt, daß das Seiende keine Gattung ist.

Weil der Begriff des Seins kein Gattungsbegriff ist und weil das in den verschiedenen Sinnen von »sein« Seiende nicht generisch zusammengehören kann, weist das Seiende eine Verschiedenheit auf, die nicht in eine sachliche Einheit eingebettet ist. Dennoch müssen alle Bedeutungen von »seiend« in einem gewissen Zusammenhang stehen, wenn anders sie keine bloß homonymen Bedeutungen sein sollen. An dieser These des Aristoteles zeigt sich besonders gut, wie weit sein philosophisches Nachdenken von jedem *Monismus,* d. h. jeder Einheitslehre des Alls der Dinge (z. B. der von Parmenides, daß nur Eines wirklich sein könne) entfernt ist.

Aristoteles war sich also der Tatsache wohl bewußt, daß die wissenschaftliche Hinsicht der ‚Metaphysik' – die auf Seiendes, insofern es *seiend* ist – keine Hinsicht ist, die unter einem einheitlichen Begriff steht (d. h. keine *kategoriale* Hinsicht), so wie z. B. die der mathematischen Wissenschaften oder der Optik oder der Astronomie. Vielmehr handelt es sich, wie die Tradition es ausgedrückt hat, um eine ihre Vielfalt nur *analogisch* ordnende Hinsicht, deren Elemente allerdings zusätzlich zu bloßer Analogie (d. h. zur bloßen ins-Verhältnis-Setzung von Verschiedenem) in einem *primären* Sinn von Sein zentriert sind oder, wie Aristoteles formuliert: „in

Beziehung auf *eines* stehen", nämlich auf die *Substanz.* »Substanz« ist somit die primäre Bedeutung von Sein (das sog. »focal meaning« bei angelsächsischen Interpreten, vgl. z.B. Barnes 1995: 76f. und 88f.), um die sich die anderen Bedeutungen – als nicht auf sie zurückführbar, jedoch alle bezogen auf sie – gruppieren lassen. Eine solche in sich komplexe Hinsicht macht nach Aristoteles die Wissenschaft vom Seienden als solchen zwar komplizierter und ihre Schlußfolgerungen weniger eindeutig, aber noch nicht unmöglich, weil eine gewisse Art von Einheit der Hinsicht doch gegeben ist:

> „Das Seiende wird vielfach verstanden, aber in bezug auf *eines* und eine gewisse Natur; und nicht homonym, sondern so, wie auch alles Gesunde in bezug auf die Gesundheit steht – das eine als Vorbeugen, das andere als Behandeln, das dritte als Zeichen der Gesundheit [...], so auch wird das Seiende vielfach verstanden, aber alles in bezug zu einem Prinzip. Denn die einen Dinge heißen Seiende, weil sie Substanzen sind, andere, weil sie Zustände einer Substanz, wieder andere, weil sie Weg zur Substanz oder Vergehen oder Beraubung oder Qualitäten von ihr sind [...] Aber nicht nur das, was in *einem* Sinne begriffen wird, ist möglicher Gegenstand *einer* Wissenschaft, sondern auch, was *in Beziehung auf eine Natur* begriffen wird." (M IV 2. 1003a 33–b15)

Diese Lehre von der »Analogie des Seins« hat anschließend an Aristoteles Ontologiegeschichte geschrieben – bis in die Gegenwart hinein. »Sein« ist ihr zufolge kein Begriff mit synonymer Bedeutung, jedoch auch keine bloße Homonymie (vgl. M VII 4. 1030a 29–b3), sondern bezeichnet ein nicht weiter reduzibles *System* unterschiedlicher Sinne und Verwendungsweisen des Worts, durch das wir insgesamt imstande sind, das *wirklich Seiende* oder die Substanz zu erfassen und logisch zur Darstellung zu bringen.

Aristoteles unterscheidet die folgenden vier Bedeutungen von »sein«, die z.T. wiederum mehrere Unterbedeutungen zulassen (vgl. M V 7):

(1) der Unterschied zwischen dem *kategorialen* Sein überhaupt – d.h. einem zur Kennzeichnung eines Dinges *an sich selbst* synonym verwendeten Terminus im Sinne sämtlicher Kategorien – und dem *akzidentiellen* Sein, das nur begleitungsweise der Fall ist und aus dem deshalb keine wissenschaftlichen Schlüsse gezogen werden können;

(2) die innerhalb des kategorialen Seins überhaupt durch seine einzelnen *Rubriken* (die Kategorien) unterscheidbaren Bedeutungen von Sein, die insbesondere den Unterschied zwischen dem Sein der ersten Kategorie (Substanz) und der Seinsart aller anderen deutlich machen;

(3) die Unterscheidung des *Wirklichseins* vom *Möglichsein;*

(4) das Sein im Sinne von *Wahrsein* oder *Falschsein* von Aussagen.

Noch heute differenziert man für gewöhnlich solche nicht aufeinander zurückführbaren, wenn auch wechselseitig durch einander darstellbaren Sinne von Sein, nämlich vor allem das Sein als »Existenz« (es gibt ...), als »Prädikation« (ein Ding hat die und die Eigenschaft), als »Identität« (etwas ist identisch mit ...) und als »Wahrsein« (es ist der Fall, daß ...). Obwohl diese vier sich nicht mit den aristotelischen Unterscheidungen decken, sind sie jedoch alle in ihrem Rahmen darstellbar, so daß man mit Bezug auf sie und ihren nicht bloß analogischen – obwohl auch nicht durch inhaltlich beschreibende Begriffe darstellbaren – Zusammenhang von einer bis heute gültigen ontologischen Entdeckung des Aristoteles sprechen kann.

2.3 Annäherung an den Begriff der Substanz

Die ‚Metaphysik' tritt in gewisser Hinsicht das Erbe der ‚Zweiten Analytiken' an und verschärft zugleich das dort schon gestellte Problem: Wissen ist – weil immer auf Ursachen angewiesen (die wiederum als syllogistische Mitteltermini fungieren müssen) – nur vom Allgemeinen möglich. Aber das, was ist, ist selbst nichts

Allgemeines, sondern in seiner Bestimmtheit Besonderes, und als ein wirkliches Vorkommnis aufgefaßt, sogar nur je Einzelnes. Folglich muß irgendwie garantiert werden, daß die allgemeinen Prädikate, die wir in allen Wissenschaften benutzen, doch auf das besondere oder gar einzelne Objekt der Wissenschaft passen, ohne daß wir – wie einst Platon – eine andere, selbst allgemeine Wirklichkeit einführen (die Ideen), auf die sich unsere Wissenschaften »eigentlich« beziehen würden. In den ‚Zweiten Analytiken' formuliert Aristoteles diese Forderung folgendermaßen:

> „Daß Ideen existieren oder sie irgend etwas neben den vielen Dingen sind, ist nicht notwendig, wenn es Beweisführung [d. h. wissenschaftlich wahre Sätze] geben soll; indessen, daß eines von vielem *wahr* auszusagen ist, ist notwendig. Denn es würde nichts Allgemeines geben, wenn dies nicht der Fall wäre. Wenn aber das Allgemeine nicht ist, dann gibt es keinen Mittelterminus und daher auch nicht Beweisführung. Folglich muß etwas Nicht-Homonymes ein und dasselbe bei vielen Dingen sein." (ZA I 11. 77a 5–9)

Das Problem verschärft sich nun in der ‚Metaphysik' noch dadurch, daß ihr Gegenstand nicht ein durch die wissenschaftliche Hinsicht auf gewisse Züge seiner Realität eingeschränktes Objekt ist (wie z. B. die Geometrie nur von abstrakten räumlichen Formen der Körper, nicht aber von ihrer ganzen Realität handelt), sondern erklärtermaßen das Wirkliche selbst in seiner vollen Wirklichkeit. So aber ist das Seiende selbständig existierende Substanz, und es fragt sich, wie die Substanz von allgemeinen Prädikaten nicht nur beiläufig getroffen, sondern sogar ganz erfaßt und in ihrer Wahrheit herausgestellt werden kann. Denn Aristoteles läßt gar keinen Zweifel daran aufkommen, daß die *Substanz* der Dinge jedenfalls nichts Allgemeines, sondern selbst immer etwas Einzelnes sein muß:

„Unmöglich scheint irgend etwas allgemein Ausgesagtes Substanz sein zu können. Denn die primäre Substanz ist die eigene eines jeden Dinges, die keinem anderen zukommt. Das Allgemeine hingegen ist gemeinsam. Denn dasjenige wird allgemein ausgesagt, was mehreren von Natur aus zukommt. Von welchem nun soll es die Substanz sein? Entweder von allen oder von keinem. Von allen ist nicht möglich; wenn es sie aber von nur einem ist, so wird dieses auch die übrigen sein, denn wovon die Substanz eine und das definierende Sein eines ist, das ist auch selbst eins. Ferner heißt Substanz das, was *nicht* von Zugrundeliegendem gilt, während das Allgemeine stets von etwas Zugrundeliegendem ausgesagt wird.“ (M VII 13. 1038b 8–16)

Aus dieser für die Substanztheorie des Aristoteles zentralen Passage entnimmt man zunächst mit einiger Gewißheit, daß das Konzept der „ersten Substanz“ in der ‚Metaphysik‘ in einem entscheidenden Punkt noch dasselbe sein muß, wie es auch früher schon in der ‚Kategorienschrift‘ erklärt wurde (vgl. z. B. Liske 1985: 321ff.). Denn erste Substanz ist, wie es damals hieß, nichts, das „von etwas gesagt“ wird, ist also ein Einzelnes und deshalb eben, wie die These des jetzt zitierten Textes lautet, niemals etwas Allgemeines.

Kann somit das Allgemeine zwar nicht die Substanz des jeweiligen Dinges sein, so ist es doch etwas vielen „Gemeinsames“, wie Aristoteles hier festhält, und kann infolgedessen von jedem von ihnen auch wahrheitsgemäß ausgesagt werden. Wir finden hier die Forderung aus den ‚Analytiken‘ (daß es Allgemeines geben müsse, das wahr von vielen Dingen auszusagen ist) zusammen mit der Beteuerung, daß es nicht dieses Allgemeine sein dürfe, was in den Dingen die Substanz ausmacht. Dennoch muß es gerade bei dieser Konstellation der Erfordernisse eine *begründete Verbindung* zwischen dem gemeinsamen Allgemeinen und der je einzelnen Substanz geben, durch die es im strengen Sinne *wahr* ist, das Allgemeine von einer jeden von ihnen auszusagen. Diese Verbindung muß zwar schwächer sein als die der Identität (nach welcher das

Allgemeine selbst die Substanz des Dinges ausmachen würde, von dem es gesagt wird), aber sie muß dennoch einen guten Grund oder eine *Ursache* für sich haben. Sonst leistet sie eben auch keine Begründung für die mögliche Wahrheit unserer allgemeinen Aussagen über das Wirkliche. Viele komplizierte Erörterungen der ‚Metaphysik' zielen auf diesen Punkt.

Das Allgemeine, so verstand es Aristoteles schon in der früher einmal erwähnten Schlußpassage der ‚Zweiten Analytiken' (ZA II 19. 100a10–b15), ist eine Schöpfung des menschlichen Geistes und geht letztlich auf unsere Wahrnehmung zurück samt dem „Vermögen unserer Seele", aus ihr, der Wahrnehmung, ein Allgemeines herauszudestillieren. Aber es könnte sich ja so verhalten, daß die Schablonen der wahrgenommenen Dinge, die unser Geist erzeugt, nur die übereinandergelegten Rasterbilder unserer Wahrnehmungen wären, die – als mittlere Umrisse der Sache, wie sie uns erscheint – gar nichts zu tun hätten mit der Sache selbst oder der Substanz des jeweiligen Dinges. Gesucht ist also nicht nur eine Verbindung zwischen unserem allgemeinen Gedankenkonzept und der Wahrnehmungswelt, sondern zwischen dem anscheinenden Erfülltsein dieses Konzepts durch ein bestimmtes Ding und der Substanz dieses Dinges selbst. Die metaphysische Frage des Aristoteles ist: Was macht *diese* Verbindung?

Die verblüffend einfache Antwort, die Aristoteles gefunden hat, lautet: Diese Verbindung macht die Substanz eines jeden Dinges selbst – sofern es nämlich überhaupt eine Substanz hat. Denn nicht jedes Ding hat eine Substanz, sondern nur dasjenige, was getrennt existiert – also die Körper (falls es sich dabei zugleich um etwas Wahrnehmbares handelt) –, aber auch sie nicht alle, sondern nur, sofern sie, wie früher gesagt, definitiv etwas *sind.* Damals wurden Beispiele wie die Pfütze oder der Berg oder der Stein angegeben, bei denen man nicht weiß, wieviel vom verdunsteten Wasser zur Pfütze gehört oder wieviel vom Abrieb eines Steines zu diesem Stein. Als ein positives Beispiel hingegen diente die *Ameise,* die selbst dann, wenn sie ein Stückchen ihres Chitinpanzers verliert, entweder *ganz* Ameise ist oder *gar nicht,* aber jedenfalls nicht so, wie die verdunstende Pfütze eine Pfütze ist – oder auch nicht.

Ein Ding muß also *getrennt* existieren und in seiner Selbständigkeit *„dieses Bestimmte"* sein, wie Aristoteles sich häufig ausdrückt, um so auch eine Substanz im strengen Sinn zu haben oder zu sein (zu dieser doppelten Bedingung der Substanz ist immer noch lesenswert: Tugendhat 1958/1988: bes. § 3 und 11):

> „Sowohl das »getrennt« als auch das »dies Bestimmte« zu sein, scheint der Substanz vor allem zuzukommen." (M VII 3. 1029a 27f.)

Mathematische Gegenstände, so wurde früher schon deutlich gemacht, erfüllen die erste Bedingung nicht; materielle Körper, die ja immer im Fluß sind, nicht die zweite. Auch die Ameise hat einen Körper, der im Fluß begriffen ist. Deshalb kann *er* nach Aristoteles nicht ihre Substanz sein. Was aber sonst? Was macht, daß die Ameise definitiv eine Ameise ist, wenn nicht ihr Ameisenkörper? Aristoteles' Antwort ist bekannt: Das macht ihre *„Form" (eidos),* die er mit ihrer *„Seele"* gleichsetzt (z. B. M VII 10. 1035b 14–16). Denn die Seele hält den lebendigen Körper beständig in seiner Bestimmtheit und sorgt für seine Identität gegen die der Bestimmtheit widerstrebenden Kräfte der Materie. Die Form oder Seele eines solchen Körpers nennt Aristoteles deshalb seine „Ursache des Seins" (*aition tou einai* – s. z. B. M VII 17. 1041b 25–28 und V 8. 1017b 14–16). Unter der »Form« im aristotelischen Sinn ist somit nicht bloß eine äußere Gestalt zu verstehen, sondern die gesamte Organisation und Struktur des lebendigen Körpers, die sein Lebendigsein verursachen. Zwar ist diese Ursache des Seins als solche und für sich genommen kein getrennt existierender Gegenstand und ist also auch keine Substanz „neben" oder „außer" den Dingen, die da körperliche Substanzen sind. Aber dies tut der These des Aristoteles keinen Abbruch, weil die Seele eben *macht,* daß dieser Körper definitiv etwas ist und also insgesamt eine Substanz nach beiden Kriterien vorliegt: Der Körper gibt das Getrenntsein, die Seele das Bestimmtes-Sein zur konkreten Substanz. An einer Stelle, an der er die Ergebnisse seiner Theorie der Substanz zusammenfaßt, schreibt Aristoteles:

> „Von der konkreten Substanz gibt es in einem Sinn eine Definition [= Angabe des definitiven Seins eines Dinges] und in einem anderen nicht. Keine gibt es zusammen mit der Körpermaterie, denn die ist in ihrer Abgrenzung unbestimmt; wohl aber gibt es eine gemäß ihrer *primären Substanz,* wie z. B. vom Menschen die Definition seiner Seele. Denn die Substanz ist die *inseiende Form,* aus der zusammen mit der Materie die konkrete Substanz begriffen wird." (M VII 11. 1037a 26–30)

Die primäre Substanz oder Form eines wahrnehmbaren Dinges kann also ihrerseits nicht getrennt oder nicht »neben« den materiellen Dingen existieren (wie eine platonische Idee es der Theorie nach durchaus tut), sondern ist „inseiend"; gleichwohl gibt sie ihrem Körper erst die andere Bedingung zur Substanz, d. i. ein definitives Sein als dies oder jenes. Gemäß diesem Sein ist dann das Ganze in gewisser Weise definierbar, obwohl man von seinem bloßen Körper niemals genau sagen kann, was zu ihm gehört und was nicht. Ab welchem Punkt ihrer Verarbeitung gehört z. B. die Mahlzeit zum Menschen? Das kann man nicht genau sagen; doch kann man ganz genau wissen, daß es ein Mensch ist.

Daraus kann eine offensichtliche Konsequenz gezogen werden, obwohl nicht alle Interpreten zu diesem Schluß kommen (skeptisch z. B. die Londoner Kommentatoren in Burnyeat u. a. 1979: 157; positiv z. B. Ackrill 1985: 179–189; Gill 1989: bes. Kap. V–VII). Die Konsequenz ist nämlich, daß unter wahrnehmbaren Dingen allein die *lebendigen* im vollen Sinne des Worts Substanzen sind und damit beide genannten Kriterien erfüllen können. Wenn das richtig ist, dann besitzen auch nur sie *in Wirklichkeit* eine „primäre Substanz" oder „Form", der gemäß sie als getrennt existierende

Dinge zu definieren sind. Freilich kann man nach Aristoteles auch mathematische Gegenstände definieren oder bloße (d.h. abstrahierte) Formen anderer Körper, wie z.B. die eines Kruges oder Balls. In diesen Fällen sind aber nicht die Konkreta definierbare Substanzen, sondern nur ihre Formen. Und diese existieren als solche nicht wirklich, sondern sind Abstraktionen unseres Geistes: Unser Denken ist ihre Wirklichkeit (vgl. M IX 9. 1051a 30f.). Es gibt tatsächlich nichts bei Aristoteles, was der besagten Konsequenz widerspräche, aber mehrere Stellen, die sie bestätigen können (z.B. M VII 9. 1034b 16–19; VII 17. 1041b 28–31 und VIII 3. 1043b 21–23 u.a.).

Kehren wir nun zu dem Satz zurück, daß die Substanz selbst die gesuchte Verbindung stiftet; die Verbindung nämlich zwischen ihr selbst als Einzelfall und dem, was wir als etwas Allgemeines *wahr* von ihr aussagen können. Die Allgemeinprädikate sind ihrerseits, wie gesagt, nur Destillate des Denkens aus unserer Wahrnehmung der Dinge und können nicht erklären, wieso das Ding selbst ihnen entspricht. Doch ist dies jetzt weniger verwunderlich, als es sich zunächst anhörte. Denn die Seele (oder primäre Substanz oder Form) eines Lebewesens verursacht und vollzieht wesentlich gewisse „Tätigkeiten" – Aristoteles nennt sie *energeiai* oder *entelecheiai:* vom Stoffwechsel in der Ernährung über die Wahrnehmung und das Streben, das einmündet in Körperbewegungen, bis hin zum Denken im Falle des Menschen –, *durch die* das Lebewesen insgesamt ein so und so beschaffenes ist. Ist es aber wesentlich ein so beschaffenes, d.h. sind dies die Kategorien seines Ansichseins, so erfüllt es auch die entsprechenden Prädikate für diese Beschaffenheit *in Wahrheit.*

Aber nicht nur das, sondern eine ihrer Tätigkeiten ist auch die Fortpflanzung. Durch sie hat die Gemeinsamkeit des Erfüllens gewisser Prädikate durch viele Individuen derselben Art eine klar angebbare *Ursache* in der substantiellen Beschaffenheit jedes einzelnen von ihnen. Der Begriff des Runden bezeichnet eine gemeinsame Eigenschaft z.B. eines Apfels und des Mondes nur dank unserer Abstraktion, während der Begriff »Warmblüter« auf Aristoteles und Nikomachos nicht nur dank unserer gedanklichen Operation, sondern durch ihren eigenen Verursachungszusammenhang zutrifft. Anders ausgedrückt: *Das Lebendige macht sich durch sich selbst allgemein,* obwohl es in seiner Substanz etwas je einzelnes ist.

Das scheint die abschließende Begründung des Aristoteles dafür gewesen zu sein, daß es *wahr* ist, gewisse Allgemeinheiten von vielen Dingen auszusagen, ohne daß diese Allgemeinheiten entweder als Ideen getrennt existieren oder aber selbst eine in vielen gleichartigen Dingen eingeschlossene Substanz von ihnen sein müßten.

> „Demnach ist klar, daß man keine Idee als ewiges Muster zu installieren braucht (besonders im Falle der Lebewesen wurde dies versucht, denn sie sind am meisten Substanzen), sondern es genügt, daß das erzeugende Wesen tätig ist und so ursächlich dafür, daß seine Form in der Materie wirklich ist. Das Ganze aber, also eine derartige Form in diesen Fleischmassen und Knochen ist dann bereits »Sokrates« oder »Kallias«; diese sind verschieden durch die Materie, denn sie ist dabei verschieden; aber ihrer Form nach sind sie dasselbe, denn die Form ist unteilbar." (M VII 8. 1034b 2–8)

Daß die Form „unteilbar" genannt wird, heißt nicht, daß sie nun doch eine in viele Dinge identisch eingepflanzte »Allgemeinsubstanz« wäre, sondern nur, daß sie sich im Prozeß der Fortzeugung (die, wie gesagt, zu ihrer eigenen Definition als Form gehört) nicht zu verschiedenartigen Dingen entwickeln kann, sondern sich in der Regel gleichartig reproduziert (vgl. dazu M X 8. 1058a 14–28). Wo Platon dachte, es sei eine getrennt existierende Idee vonnöten, um ein Zutreffen desselben Allgemeinprädikats auf verschiedene, aber gleichartige Dinge zu begründen, da setzt Aristoteles einen *ursächlichen Zusammenhang* zwischen ihnen an, der auf die natürliche Tätigkeit der Seele eines jeden einzelnen von ihnen zurückgeht (vgl. dazu bes. Lennox 1985). Die wahrnehmbaren Einzelsubstanzen sind es somit selbst, die, weil sie wirklich oder definitiv diese Form haben (d. h. eine so und so tätige Seele), sich verketten in Gemeinsamkeiten, die wahr von ihnen ausgesagt werden können.

Eine solche Substanz-in-der-Selbstverkettung zu gleichartigen Individuen bezeichnet Aristoteles als *physis* (Natur). Nicht die Population der gleichartigen Individuen, sondern das Prinzip der Verkettung, das zur Form eines jeden von ihnen gehört, heißt so. Von der *physis* in diesem Sinne schreibt Aristoteles:

> „Natürliche Werdeprozesse sind die, bei denen das Werden aus *physis* erfolgt. [...] Bei diesen gilt allgemein, daß sowohl das »Woraus« *physis* ist als auch das Prinzip, nach dem es geschieht, *physis*. Denn das Werdende besitzt eine *physis*, etwa Pflanze oder Tier. Und ebenso ist das Veranlassende sie, nämlich die im Sinne der Form zu fassende, formgleiche *physis* – aber in einem anderen; denn ein Mensch zeugt einen [anderen] Menschen." (M VII 7. 1032a 15–25)

Die strengen formalen Ansprüche, die an das Sein in seiner ersten und vorrangigen Bedeutung als *Substanz* zu stellen sind (und die Aristoteles, sehr ins einzelne gehend, vor allem im VII. Buch der ‚Metaphysik' expliziert), werden somit im Kreis der wahrnehmbaren Dinge allein von einer *physis* erfüllt. Denn nur sie begründet trotz ihrer radikalen Einzelheit als primäre Substanz bestimmter Körper zugleich die wesentliche Triftigkeit von gewissen Allgemeinprädikaten, die der menschliche Geist konzipiert, für eben die Dinge, deren Substanz sie ist. Alle derartigen »*physeis*«, d. h. die Gestalten sich fortpflanzenden Lebens dürfen daher als nicht weiter ableitbare Prinzipien oder erste Ursachen einer Wissenschaft vom Seienden, insofern es seiend ist, gelten. So zieht Aristoteles auch tatsächlich dieses Fazit am Ende des VII. Buches:

> „Es scheint eine von den Bestandteilen gesonderte Ursache des Seins dafür zu geben, daß z. B. dies Fleisch, jenes aber eine Silbe ist, und genauso bei allem anderen. Das ist die Substanz eines jeden Dinges, denn sie ist die erste Ursache des Seins. Da aber einige Dinge gar keine Substanzen sind, vielmehr Substanzen all diejenigen, die gemäß einer *physis* und durch *physis* zustandegekommen sind, dürfte klar sein, daß [ihre jeweilige] Substanz die *physis* ist, welche nicht Bestandteil, sondern Prinzip ist." (M VII 17. 1041b 25–31)

Die vorgenommene wissenschaftliche Suche nach Prinzipien und Ursachen des Seienden, insofern es seiend ist (s. M IV 1. 1003a 31f. und VI 1. 1025b 3f.), ist also im Begriff der *physis* als primärer Substanz gewisser Körper an ein erstes Ziel gelangt.

Was Aristoteles bei alledem nicht gesehen hat, was wir aber heute im Rahmen der Evolutionstheorie mit guten Gründen vermuten, ist, daß auch die Gestalten sich fortpflanzenden Lebens noch aufeinander zurückgeführt werden können, ja daß das Leben selbst nach bestimmten Gesetzen aus unbelebter Materie entstanden sein könnte. Das macht die Sache zwar nochmals bedeutend komplizierter, schafft aber weder das Problem der Wahrheit allgemeiner Aussagen über das, was einzeln ist, aus der Welt noch auch die Tatsache, daß, nachdem Leben entstanden ist, belebte Individuen in einem anspruchsvolleren Sinne wirklich sind als beliebige Teile der materiellen Welt. Die Frage nach Prinzipien und Ursachen des Seienden, insofern es seiend ist, verliert durch die Evolutionstheorie nicht ihren Sinn.

Für manchen mag es zunächst eine Überraschung, ja Enttäuschung bedeuten, daß die ‚Metaphysik' des Aristoteles auf dem geschilderten Weg ausgerechnet die *physis,* sprich: »*Natur*« als eines der unableitbaren Seinsprinzipien präsentiert. Doch ist die Angelegenheit der Ersten Philosophie noch nicht ganz zu Ende gebracht, denn soweit betrachtet wäre eben, wie Aristoteles in Buch VI, Kap. 1 festgestellt hatte, die Naturwissenschaft oder Physik „erste Wissenschaft" überhaupt.

Indessen ist das Prinzip *physis* als primäre Substanz von wahrnehmbaren Dingen zwar nicht *ableitbar* aus früheren Mittelbegriffen, jedoch, wie Aristoteles deutlich macht, auch nicht sich selbst genug in dem Sinne, daß es keiner anderen Prinzipien mehr bedürfte, damit es »Natur« wirklich geben kann. Aristoteles betont ausdrücklich diesen *Zweck* der Betrachtung wahrnehmbarer Substanzen in der Ersten Philosophie. Der nämlich liege darin, daß aus einer Aufklärung der Prinzipien der wahrnehmbaren Substanz etwas folgen könnte, was als ein notwendiges Seinsprinzip über die Natur und d. h. über materielle Körper hinausgeht:

> „Ob man nach irgendeiner von diesen verschiedenen Substanz forschen muß – etwa Zahlen oder dergleichen – das ist später zu betrachten. Denn zu diesem Zweck versuchen wir auch über die wahrnehmbaren Substanzen Bestimmungen zu treffen, obwohl die Theorie der wahrnehmbaren Substanzen eigentlich Aufgabe der Naturwissenschaft und Zweiten Philosophie ist." (M VII 11. 1037a 11–17)

Dieselbe zweckmäßige Kompositionsweise der ‚Metaphysik' – von der Natur aus über sie hinaus – kommt bereits ganz an ihrem Anfang zum Tragen. Denn dort wird ihr eigenes Selbstverständnis: reine Betrachtung des Wirklichen in seiner Wirklichkeit zu sein, angeknüpft an die interesselose, natürliche Lust des Menschen am Sehen:

> „Alle Menschen streben von Natur aus nach Wissen. Zeichen dafür ist ihre Liebe zu den Wahrnehmungen, die sie ohne einen Nutzen nur um ihretwillen lieben, und zwar, noch vor den anderen, besonders die der Augen. Denn auch ohne Handlungsabsicht und ohne zu irgendeiner Tat zu schreiten, halten wir das Sehen für wünschenswert sozusagen vor allen anderen Dingen." (M I 1. 980a 21–26)

So ist schon hier eine naturgegebene Verfassung gewisser Substanzen – nämlich die der Menschen selbst – Wegbereitung zur höchsten theoretischen Wissenschaft, die wiederum am Ende der ‚Metaphysik' (im XII. Buch, s. u.) als die Existenzweise der göttlichen Substanz herausgestellt werden wird, falls es nämlich aus erst noch zu findenden Gründen eine solche Substanz tatsächlich geben muß. Sowohl die Argumente für eine mögliche Existenz Gottes als auch das Interesse und die Mittel der Betrachtung werden von Aristoteles letztlich aus dem Zusammenhang geschöpft, dem wir ursprünglich entstammen und angehörig bleiben müssen: eben der Natur und dem Kreis der natürlichen Substanzen. Allerdings nimmt sich Aristoteles außerordentlich viel Zeit für die nur scheinbar ohne weiteres Ziel vor sich gehende Untersuchung der wahrnehmbaren Substanz, über der man die eigentliche Absicht leicht aus den Augen verliert.

Das Ungenügen der Substanz im Sinne von *physis* besteht nach Aristoteles nun darin, daß für ihre mögliche Fortsetzung in oder Selbstverkettung mit einer gleichartigen Substanz *immer* ein bereits zur selben Kette gehöriger, die *physis* wirklich enthaltender Vorgänger vorausgesetzt werden muß:

> „Das Eigentümliche der Substanz [sofern sie physisch werdende Substanz ist] ist daraus zu begreifen, daß notwendigerweise *eine weitere Substanz* vorher in vollendeter Wirklichkeit da sein muß, welche erzeugt – also etwa ein Tier, wenn ein Tier entstehen soll." (M VII 9. 1034b 16–18)

Hieraus begründet sich, wie Aristoteles in den nachfolgenden Büchern (bes. im IX.) zeigen wird, das allgemeine Differenzverhältnis von Möglichkeit *(dynamis)* und Wirklichkeit *(energeia* oder *entelecheia)* im natürlich Existierenden. Denn wenn keine Möglichkeit im Unterschied zu dem jeweils schon Wirklichen gegeben wäre, dann könnte niemals etwas über das hinaus entstehen, was bereits ist – wie z. B. Parmenides tatsächlich dachte. Und dann könnte das, was ist, eben auch gar keine *physis,* nichts Natürliches sein, weil es – in sich erstarrt – vielmehr schon immer dasselbe gewesen sein müßte, was es auch jetzt noch ist und in Zukunft sein wird. Die Zeit wäre dann natürlich auch ein bloßer Schein oder unsere Betrachtungsweise dessen, was eigentlich immer und ewig ist.

Man sieht daraus, daß der Substanzstatus der *physis* als eine Wirklichkeit, die zugleich die Möglichkeit ihrer selbst in sich birgt, geradezu die Rettung dessen ist, was uns erscheint, nämlich seine Errettung davor, ein bloß trügender Schein über einer absoluten Fixierung des Wirklichen zu sein, das wir als solches aber dann auch gar nicht erkennen könnten. Die Differenz zwischen Möglichkeit und Wirklichkeit oder sozusagen der Abstand in puncto Sein (vgl. z. B. VW II 10. 336b 25 ff.), den das Wirkliche vor dem Möglichen haben muß, damit *physis* stattfinden kann, ist daher selbst noch einmal ein nicht weiter ableitbares Prinzip der Ersten Philosophie. Es muß aber nur dann gegeben sein, wenn es physische Prozesse geben soll, ist also nichts schlechthin Selbstverständliches. Diese Folgerung zieht Aristoteles im IX. Buch:

> „Offenbar ist, daß Möglichkeit und Wirklichkeit verschiedenes sind; die Argumente aber, die Möglichkeit und Wirklichkeit als dasselbe darstellen, suchen deshalb keineswegs eine Kleinigkeit aufzuheben." (M IX 3. 1047a 18–20)

Ich spreche deshalb ganz generell von der *Differenz* beider Modalitäten als einem zweiten Prinzip der Seinswissenschaft bei Aristoteles, weil die jeweils vollendete Wirklichkeit einer bestimmten *physis* nach dem vorher angeführten Zitat ja das vorausgesetzte Prinzip der Entstehung einer neuen und gleichartigen physischen Substanz sein sollte. Das bedeutet, daß die vollendete Wirklichkeit als *spezifisches* Prinzip gegenüber der ebenso bestimmten Möglichkeit der Entstehung neuer Individuen bereits als ein Prinzip dieser Wissenschaft herausgearbeitet worden war. Bekanntlich identifiziert Aristoteles die vollendete Wirklichkeit *(energeia)* ausdrücklich mit der „Substanz" und der „Form" *(eidos)* des jeweiligen Dinges (s. z. B. M IX 8. 1050b 2). Dieses Prinzip brauchen wir also nicht noch einmal in seinem Status zu begründen.

Bleibt am Ende aber immer noch ein letztes zu erwähnen übrig, das in seiner unabweisbaren Notwendigkeit zu begründen, von vornherein Ziel der Ersten Philosophie (wenn denn ein Unterschied bestehen soll zu der Zweiten) gewesen ist: Weil es sich nach Aristoteles so verhält, daß die Selbstvoraussetzung lebendiger *physis* ein *Prinzip*, d. h. ewig und notwendig ist, weil aber zugleich kein materielles Ding für eine *Notwendigkeit* aufkommen kann, folgt nach den Ausführungen des Aristoteles (vor allem in Buch IX 8 und XII 6–7), daß eine von aller Materie freie und deswegen durch sich selbst notwendige Wirklichkeit gegeben sein muß, die der Garant der Ewigkeit jener physischen Selbstvoraussetzung wahrnehmbarer Substanzen ist. Diese Wirklichkeit nennt Aristoteles „Gott" und bestimmt sie als reine, d. h. materiefrei „sich ausübende Wirklichkeit" *(energeia)* des „Denkens, das sich selber denkt" (s. u.). In ihr erkennt er das letzte „selbst unbewegte Bewegende" (M XII 7. 1073a 3–12) des ewig bewegten physischen Weltzusammenhangs (vgl. dazu z. B. Oehler 1984).

> „Nach dieser Argumentation ist klar, daß die ausgeübte Wirklichkeit der Substanz nach früher ist als die Möglichkeit und daß, wie wir sagen, in der Zeit immer eine weitere ausgeübte Wirklichkeit vor einer anderen den Platz einnimmt bis zu einem auf primäre Weise Bewegenden." (M IX 8. 1050b 2–6)

Die Bewegursächlichkeit Gottes darf man bei Aristoteles allerdings nicht so verstehen, als würde er den Dingen der Natur am Anfang einen Anstoß gegeben haben (vgl. dazu sehr klar: Randall 1960: 133 ff.). Denn das trüge nicht nur in Gott selbst eine Bewegung ein (was für ihn als immaterielle Wirklichkeit auszuschließen ist), sondern widerspräche zugleich der von Aristoteles erwiesenen Ewigkeit des Naturkontextes mit den sich selbst voraussetzenden *physeis.* Gott vielmehr „bewegt als ein Erstrebtes" (*hōs erōmenon* – M XII 7. 1072b 3), d. h. als ein alles andere ausrichtendes *Ziel.* Das bedeutet nicht, daß er allen anderen Dingen als Ziel bewußt wäre, sondern nur, daß er für bestimmte unzerstörbare Dinge (die „göttlichen" Fixsterne nach Aristoteles) das Motiv einer ewigen Bewegung ist, die wiederum durch ihre Bewegung den physischen Kreislauf des Werdens und Vergehens in Gang halten.

Gott, die auf primäre Weise bewegende Ursache, ist der notwendig anzunehmende *Garant* für die ebenfalls, aber immer nur in Materie notwendige und ewige Selbstvoraussetzung der *physis* bei der Entstehung der Lebewesen. Denn was in Materie sein muß, das hat auch immer die Möglichkeit, *nicht* zu sein. Was aber die Möglichkeit hat, nicht zu sein, das *kann* nicht selbst ein hinreichender Grund für sein immerwährendes Stattfinden sein:

> „Mag immerhin ein zur Bewegung oder Produktion *Fähiges* existieren, – wenn nicht irgend etwas tatsächlich sie ausübt, dann wird nicht definitiv Bewegung stattfinden; denn es kann sein, daß das, was bloß die Möglichkeit hat, nicht ausübend wirklich ist. [...] Es nützt auch nichts, wenn das Betreffende zwar ausübend wirklich ist, aber seine Substanz eine Möglichkeit enthält. Denn dann wird die Bewegung davon nicht definitiv ewig sein, weil alles dem Vermögen nach Seiende auch nicht sein kann. Folglich *muß* ein solches Prinzip existieren, dessen Substanz sich ausübende Wirklichkeit *(energeia)* ist." (M XII 6. 1071b 12–21)

Weil also die *physis*, um mit Hegel zu sprechen, ein Prinzip für das Sein der Dinge nur als »schlechte Unendlichkeit« zu sein vermag, d. h. als eine nicht abreißende Folge materieller Dinge, *muß* nach Aristoteles ein weiteres, gänzlich immaterielles und damit an sich notwendiges Prinzip des Seins angenommen werden. Die absolute Notwendigkeit Gottes begründet erst zureichend, daß die *physis* ein *Prinzip* sein kann, dem – als ein Prinzip – ebenfalls, wenn auch eine andere, nämlich zyklische, d. h. immer sich selbst voraussetzende und sich wiederholende Notwendigkeit eignet.

Hegel war es auch, der am Ende seiner ‚Enzyklopädie der philosophischen Wissenschaften im Grundrisse' (1830) in kommentarloser Zustimmung den griechischen Text des Aristoteles einrückte, in dem dieser das Wesen jener reinen Wirklichkeit Gottes als sich selber denkendes Denken zu bestimmen sucht. Weil der Text zwar lang, aber eben denkwürdig ist, sei er auch hier zum Schluß dieser kurzen Darstellung der aristotelischen ‚Metaphysik' zitiert (3 Sätze früher beginnend als Hegel):

> „Von einem solchen Prinzip hängt also der Himmel und die *physis* ab. Die Weise, sein Dasein zuzubringen, ist so, wie die beste, die für uns kurzzeitig eintritt. Denn es existiert immer auf diese Weise (was uns unmöglich ist), da ja seine Wirklichkeit auch Lust ist; und durch es sind Wachheit, Wahrnehmung, Denken [auch für uns] am lustvollsten [...]. Das Denken *(noēsis)* an sich aber bezieht sich auf das an sich Beste, und jenes an seinem Gipfel auf dieses an seinem Gipfel. – *Sich selbst* denkt der denkende Geist *(nous)* in Erfassung des zu Denkenden *(noēton)*. Denn er wird denkbar, indem er daran rührt und es denkt, so daß denkender Geist und zu Denkendes dasselbe sind. Denn das, was das zu Denkende und die Substanz aufnehmen kann, ist der denkende Geist. Indem er es hat, ist er wirklich. Daher ist jenes noch mehr als dieser das Göttliche, das der denkende Geist zu besitzen scheint, und die *reine Betrachtung (theōria)* ist das Lustvollste und Beste. Wenn er sich nun so wohl

> befindet wie wir nur gelegentlich, doch Gott immer, ist es wunderbar. […] Und Leben geht gewiß damit einher; denn die Wirklichkeit des denkenden Geistes ist Leben, jener aber ist diese Wirklichkeit. Die Wirklichkeit an sich selbst von ihm ist bestes und ewiges Leben. Wir sprechen es aus, daß der Gott ein ewiges und bestes Lebewesen sei, so daß Leben und kontinuierliches und ewiges Fortwähren *(aiōn)* dem Gotte zukommt; denn das ist Gott.“ (M XII 7. 1072b 14–30)

Die vorher erklärte, von Aristoteles gegebene Begründung der Existenz Gottes als notwendigerweise getrennte, obwohl immaterielle Wirklichkeit ist allerdings – anders als diese fast hymnisch zu nennende Wesensbestimmung von ihm – nur sehr indirekt und fragil. Gott ist für Aristoteles kein zugrundegelegter Gegenstand der metaphysischen Betrachtung, sondern das letzte Ergebnis einer solchen Betrachtung: ein unabweisbar notwendiges Prinzip des Seienden, insofern es seiend ist, *wenn anders* nämlich die Substanz der wahrnehmbaren Dinge (die *physis*) so ist, wie die Erste Philosophie sie herausgestellt hat. Nun ist sie aber zugegebenermaßen nicht so verfaßt, wie Aristoteles dachte. Daraus würde Aristoteles wahrscheinlich als erster bereitwillig den Schluß gezogen haben, daß er weder einen Grund besitze, die Existenz Gottes anzunehmen, noch einen, der sie ausschließen würde. Ob Erste und Zweite Philosophie also dasselbe sind oder nicht, das muß auch nach Abfassung der ‚Metaphysik‘ und im Grunde genommen bis heute offen bleiben.

3. Zweite Philosophie: Das Seiende in Bewegung und seine Prinzipien

3.1 Physik, Bewegung und der Unterschied von Form und Materie

»Physik« bedeutet für Aristoteles und im Rahmen der modernen Naturwissenschaft nicht dasselbe. Man kann sich das auf vielerlei Weisen klarmachen, aber vielleicht am einfachsten durch Erinnerung daran, daß Physik für Aristoteles *Philosophie,* für uns aber eine Gesetzeswissenschaft im strikten Sinne des Worts sein soll. Die Philosophie – jedenfalls nach Aristoteles – beabsichtigt eine Erfassung der Dinge in ihrer vollen Wirklichkeit (für die Gegenstände der Physik s. dazu P II 2. 193b 25ff.); deshalb wird sie von Aristoteles auch „Wissenschaft der Wahrheit" genannt. Sie werden nicht reduziert auf das, was sich im Experiment als streng gesetzmäßig erweist. In ihrer vollen Wirklichkeit verhalten sich die Naturdinge, wie Aristoteles oft sagt, nur „in den meisten Fällen" auf bestimmte Weise und „wenn nichts dazwischenkommt" (s. z.B. P II 8. 199a33–b26). Das Natürliche in diesem Sinn ist am Begriff des *Normalen* oder *Typischen* gegenüber dem Entgleisten oder Zufälligen orientiert, nicht an dem einer ausnahmslosen Gesetzmäßigkeit (zu diesem Thema s. bes. Weiß 1942: 91ff. und 165ff.).

Physik im heutigen Verständnis nähert sich hingegen den Dingen aus einer weitgehenden Abstraktion und nimmt von vornherein starke Reduktionen ihres Gegenstands vor. Sie geht aus von nur einigen wenigen sogenannten Observablen, unter denen die Dinge beobachtet werden, d.h. von einem Set trennscharf meßbarer Eigenschaften (wie etwa Ort und Impuls), in deren Spektrum alle betrachteten Gegenstände je einen bestimmten Wert annehmen müssen. Anschließend versucht sie, durch eine geeignete Idealisierung der Meßwerte Beziehungen zwischen ihnen zu entdecken und durch mathematische Korrelationen auszudrücken, die dann eine strenge Gesetzmäßigkeit formulieren.

Im gesetzeswissenschaftlichen Verfahren stecken demnach schon im Ansatz zwei Reduktionen der »Wirklichkeit«: erstens die Beschränkung auf die einmal ausgewählten Observablen; zweitens die Methode der idealisierten Betrachtung von Meßwerten unter dem Gesichtspunkt der Mathematisierbarkeit. Der Gegenstand, das Seiende oder das Ding selbst, tritt in dieser Betrachtungsweise erst sehr spät auf, gleichsam wie ein geschickt gelegter Knoten im Netz der gesetzlichen Beziehungen; geschickt nämlich in dem Sinne, daß das sich ergebende System der Beschreibung (durch mathematische Gleichungen) möglichst einfach sei. So ist z. B. das »Atom« nach einer treffenden Bemerkung Heisenbergs in der modernen Physik kein an sich bestehendes körperliches Gebilde, sondern nur „ein Symbol, bei dessen Einführung die Naturgesetze eine besonders einfache Gestalt annehmen" (Heisenberg 1942: 53f.).

Dabei bleibt immer das Problem zurück, daß wir nicht wissen können, ob wir durch eine solche Betrachtungsweise das wirkliche Wesen bestimmter Dinge vollständig erfassen, z. B. wenn wir den Weg der Hand eines Menschen zum Ohr eines anderen als die Bahn eines mehr oder weniger diffusen Verbands von Atomen beschreiben würden. Daß sich letztere nach physikalischen Gesetzen ziemlich exakt erfassen läßt, kann nicht bezweifelt werden, wohl aber, ob wir damit die Handlung einer Ohrfeige in dem, was sie eigentlich ist, erfaßt haben.

Dieses Problem beginnt nun schon bei demjenigen Begriff oder Sachverhalt, der für Aristoteles die Grundlage aller »physischen« Betrachtung überhaupt bildet, d.h. die Hinsicht abgibt, unter der in der Wissenschaft der ‚Physik' das Seiende in seiner Wirklichkeit erfaßt werden soll: beim Sachverhalt der *Bewegung*. Man kann sich nämlich darüber streiten, ob eine physikalischen Gesetzen genügende Beschreibung der Bewegung als Abfolge von getrennten Zuständen zu bestimmten Zeitpunkten (z. B. Örtern, die ein fallender Stein der Reihe nach einnimmt) überhaupt das wirkliche, nämlich *kontinuierliche* Wesen von Bewegung treffen kann. Aristoteles bezweifelte dies. Denn Bewegung besteht darin, solange sie andauert, zu jedem Moment *in einem Übergang* zwischen verschiedenen Örtern begriffen zu sein, und erst wenn die Bewegung zu Ende ist, nimmt das Bewegte einen definitiven Ort ein. Zwar lassen sich beide Betrachtungsweisen (die der Abfolge von Ruhezuständen und die des Bewegtseins zu jedem Moment) durch Infinitesimalrechnung ineinander überführen, aber das bedeutet noch nicht, daß Bewegung eigentlich gar nicht Bewegung, sondern eine Folge von Ruhezuständen *sei*. Die Lösung des Problems auf der mathematischen Darstellungsebene (die Aristoteles nicht zu Gebote stand) sagt also nicht unbedingt etwas aus über die ontologische Beschaffenheit des Sachverhalts selbst. Für letztere aber interessiert sich Aristoteles, und sie beschreibt er in seiner ‚Physik'.

Das problematische Sein des *Kontinuierlichen* (Bewegung, räumliche Ausdehnung, Zeit und unendliche Teilbarkeit) in seinem Verhältnis zum Wirklichen oder Definitiven, d.h. für Aristoteles: *Getrennten,* beherrscht die ganze Pragmatie (vgl. Craemer-Ruegenberg 1980: 81ff.). Bewegung ist, wenn man es pointiert ausdrücken will, nicht selbst der Fall eines Seienden, sondern ein *Zwischenfall* zwischen mehreren sie gemeinsam begrenzenden Seienden, niemals selbst eines von ihnen:

> „Verschieden sind das primär Bewegte und das, worein es bewegt wird, und das woraus: z.B. das Holz, das Warme und das Kalte. Davon ist das eine das »Was«, das zweite das »Worein«, das dritte aber das »Woraus« – die *Bewegung* aber ist klarerweise in dem Holz, nicht jedoch in der Form [von ihm]. Denn weder *bewegt* noch *wird bewegt* die Form oder der Ort oder die Quantität, sondern *ist* Bewegendes und Bewegtes und das, worein es bewegt wird. [...] Was die Bewegung [selbst] ist, wurde früher gesagt. Die Formen indessen und die Bestimmtheiten und der Ort, worein das Bewegte bewegt wird, sind unbewegt, z.B. das Wissen [das jemand erwirbt] oder die Wärme." (P V 1. 224b 1–13)

Die Bewegung ist immer nur der Materie eines Dinges eigen, nie der Form, die die Materie jeweils annimmt und die auf diese Weise an ihr *ist*. Die Bewegung selbst besteht in dem Übergehen der Materie von der einen zur anderen Bestimmtheit oder Form. Aber sie besteht auch nur solange, als die Materie sie nicht mehr oder noch nicht definitiv besitzt. Das *Seiende* in den verschiedenen Kategorien (Aristoteles nennt „Form", „Ort" und „Bestimmtheit", d. h. vor allem Qualität und Quantität) ist selbst *„unbewegt"*.

Obwohl die Bewegung nicht unmittelbar selbst ein Seiendes oder eine Kategorie ist, besitzt sie für Aristoteles große ontologische Bedeutung, die gerade er gegenüber Platon und noch früher gegenüber Parmenides, dem Begründer des Eleatismus (der Lehre, daß aus logischen Gründen nur *ein* unbewegtes Seiendes existieren könne), entdeckt und in ihr Recht gesetzt hat. Denn sie ist derjenige reale Sachverhalt, an dem sich Form und Materie der Dinge erst *unterscheiden* lassen.

Daß gewisse Beschaffenheiten der Bronze materielle Beschaffenheiten der Statue im Unterschied zu formalen sind, lernen wir erst dann, wenn die Bronze z. B. im Herstellungsprozeß einer Bewegung unterzogen wird: Diejenigen Eigenschaften, die durch den Prozeß weder aufgegeben noch neu etabliert werden, sind materielle Eigenschaften gegenüber der wechselnden Form. *Das sich Durchhaltende in einer Bewegung* samt den Eigenschaften, die sich dabei durchhalten, meint der Begriff der Materie bei Aristoteles. Materie ist also ein *relativer* Begriff (sie kann immer verschiedenes sein, je nach stattfindendem Prozeß), und nur das, was gar keine Transformation mehr durchmacht, ist in allen Fällen Form. Aber das zu wissen würde uns nichts nützen, wenn es, wie in einem eleatischen Weltverständnis, gar keine Bewegung gäbe. Denn dann wäre alles »Form« ebenso wie »Stoff« oder »Bestandteil« zu nennen und der Begriff der Form ohne Wert.

Das I. Buch der ‚Physik' ist insgesamt ein Lehrstück über dieses Thema. Es beginnt mit der Festlegung, daß die Natur eine Welt der Bewegung ist:

> „Wir wollen von der Voraussetzung ausgehen, daß die natürlichen Dinge entweder alle oder zum Teil *bewegte* sind. Das ist aus der aufmerksamen Hinwendung *(epagōgē)* klar." (P I 2. 185a 12–14)

Im Blick auf diese Voraussetzung führt Aristoteles zunächst die eleatische These ad absurdum, daß das Seiende nur eines und zugleich unbewegt sei, um dann den von ihm ins Auge gefaßten ontologischen Unterschied von Formbestimmtheit und Materie als *notwendige* Folge der Anerkennung einer bewegten Realität herauszustellen. Am Ende der Analyse zieht er das Fazit, daß die Realität von Bewegung in jedem Fall – was für Prinzipien man im einzelnen auch wählen mag – „in ihrem Sein verschieden" (P I 7. 191a 1) mache, was Formbestimmung an den Dingen einerseits und was ihre materielle Grundlage andererseits zu nennen ist. Bewegung bildet damit so etwas wie die Geschäftsgrundlage der aristotelischen Philosophie. An ihr kristallisiert sich die Form gleichsam erst heraus und gewinnt ihr Profil als etwas, das abzuheben ist von der Materie der Dinge. Auch in der ‚Metaphysik' stellt Aristoteles zu diesem Thema in aller Kürze fest:

> „Immer *muß* ein im Werden befindliches Ding auseinanderzunehmen und das eine davon dies und das andere das sein, nämlich das eine Materie und das andere Form." (M VII 8. 1033b 12f.)

Die Bewegung *schärft* demnach das Profil der Formen und *verwischt* sie nicht, wie Platon dachte. Wir können nicht sagen, ob z. B. zur »Idee des Menschen« ein Mageninhalt gehört oder nicht, wenn wir nichts von Ernährung und Ausscheidung wissen, die Bewegungen sind.

3.2 Bewegung als »volle Wirklichkeit des möglich Seienden«

Kennzeichnet das Gesagte die philosophische Bedeutung der Bewegung, so ist ihr Wesen als »Zwischenfall« zwischen Kategorien des Seienden damit jedoch noch nicht näher bestimmt. Aristoteles gibt im III. Buch der ‚Physik' eine für ihre Schwierigkeit und Dunkelheit berüchtigte Definition der Bewegung mit folgenden Worten:

> „Nachdem in bezug auf jede Gattung [des Seienden] das, was der vollen Wirklichkeit nach ist, von dem, was der Möglichkeit nach ist, unterschieden werden kann, ist die Bewegung die volle *Wirklichkeit* des *möglich* Seienden, insofern es solches Mögliches ist, wie z. B. die des Veränderbaren, insofern es veränderlich ist, Veränderung ist, die des Zunahmefähigen und seines Gegenteils, des Abnahmefähigen [...], Zunahme und Abnahme, die des Werdens- und Vergehensfähigen Werden und Vergehen, die des Fortbewegungsfähigen Fortbewegung." (P III 1. 201a 9–15)

Zugleich mit der allgemeinen Definition der Bewegung finden wir hier die wichtigsten Bewegungsarten aufgezählt, die Aristoteles nach Kategorien unterscheidet, die eine Bewegung zulassen: (1) Veränderung *(alloiōsis)* als Wandel der Qualität, (2) Zunahme und Abnahme *(auxēsis* und *phthisis)* als Wandel der Quantität, (3) Werden und Vergehen *(genesis* und *phthora)* als Wandel der Substanz und schließlich (4) die Bewegungsart, die auch Aristoteles bereits für die primäre gehalten hat: Fortbewegung *(phora)* als Wechsel des Ortes.

So tautologisch sich die allgemeine Definition der Bewegung zunächst ausnimmt, so sehr ist sie doch von philosophischem Tiefsinn geprägt. Der entscheidende Punkt der aristotelischen Definition liegt darin, daß Bewegung nur dann der (Zwischen-) Fall sein kann, wenn *dasselbe Ding* nacheinander sowohl mit einer

Möglichkeit als auch mit Vollendung dieser Möglichkeit wirklich ist (s. P III 1. 201a 19–22). Z. B. ist *derselbe* Mensch wirklich sowohl mit der Möglichkeit des Aufrechtgehens als auch später mit der Vollendung des aufrechten Gangs. Das ist deshalb der Kern der Sache, weil es für die Realität von Bewegung nichts austragen würde, wenn strenggenommen immer *anderes* Seiendes zunächst nur „der Möglichkeit nach" und dann irgendwann „der Wirklichkeit nach" existierte. So könnten wir z. B. sagen »der schwimmende Mensch ist möglich«, solange er auf dem Sprungbrett steht, und »der schwimmende Mensch ist wirklich«, wenn er hinabgesprungen ist. Nach der Methode des Beispiels würden wir zwar die Realität immer nach gewissen gegebenen Möglichkeiten durchforsten, solange *anderes* der Fall ist, dann aber wieder eine Wirklichkeit diagnostizieren, die eine andere geworden ist, ohne daß doch *dasselbe Seiende* sowohl das eine wie auch das andere gewesen wäre.

So denkend verstünden wir erstens nicht, was »Identität« eines Dinges heißen soll, wenn doch durchaus *verschiedenes* vorliegt (etwa »Schwimmendes« und »Nicht-Schwimmendes«); zweitens aber würde das Möglichsein eines Gegenstandes auf das Konto *unserer Betrachtungsweise* der Realität geschoben werden können, die an sich selbst jedoch immer in einer ganz bestimmten wirklichen Verfassung wäre.

Eine *Bewegung* eines Gegenstandes von einem in einen anderen Zustand wäre indessen so wenig wirklich, wie auch die Möglichkeit dieses Dinges gar nicht *ihm*, sondern nur unserer Betrachtungsweise zuzuschreiben wäre. Aus diesem Grund sagt Aristoteles, die Bewegung müsse eben das Wirklich-der-Fall-Sein der *Möglichkeit* an dem betreffenden Gegenstand selbst sein. Es fällt uns sehr viel leichter, die Realität des Möglichen zu bestreiten als die der Bewegung. Denn wir wissen uns selbst mit großer Sicherheit als bewegte, gewordene und einem Ende entgegengehende Wesen, d. h., es kommt uns nicht nur so vor, als seien wir bewegt – so wie wohl durchaus äußere Dinge uns alle nur bewegt vorkommen könnten wie in einem Kino. Deshalb ist es philosophisch bedeutsam, die notwendige Verbindung zwischen beiden Begriffen (dem der Möglichkeit im Unterschied zur Wirklichkeit und dem der Bewegung) aufgezeigt zu haben.

Dennoch ist es, wie Aristoteles nicht müde wird zu betonen, auch nicht so, daß die Bewegung schon ein *kompletter* Wirklichkeitszustand der bewegten Sache wäre und so gleichsam eine Kategorie des Seins von Körpern im früher erklärten Sinn. Denn dann wäre sie einfach eine Wirklichkeit im gewöhnlichen Verständnis dieses Worts, was bedeutete, daß das tatsächliche Dasein einer bloßen *Möglichkeit* an einer bereits wirklichen Sache hinfällig wäre. Wir hätten dann solches, das wirklich in Bewegungszuständen begriffen ist, neben anderem, das andere Kategorien erfüllt, wie z. B. »so-und-so groß« oder »an diesem Ort« zu sein. Die Mißlichkeit der geschilderten Auffassung sieht man indessen leicht ein. Denn zu fragen wäre dann, was für eine Bestimmung denn das gegebene Bewegtsein noch haben könnte. Was ist der Zustand des Bewegtseins »als solcher«, wenn nicht in gewisser Weise all das, was eben auch definitiv an Körpern gegeben sein kann? Deswegen kann man die Bewegung nicht zu einer elften Kategorie machen, sondern sie besteht in dem eine Differenz realisierenden Unterwegs-Sein des bewegten Körpers in Beziehung auf eine der ihn bestimmenden Kategorien, die Bewegung zulassen.

Die Bewegung ist auf diese Weise zwar ein gewisses Wirklichsein von Körpern, aber „*unvollendetes*“ oder „unfertiges“ *(atelēs)*, wie Aristoteles oft sagt (z. B. P III 2. 201b 27–33; M IX 6. 1048b 28–30). Und es ist nicht leicht, das Wesen von Bewegung anders zu fassen, ohne in eine der genannten Schwierigkeiten zu geraten (daß Bewegung entweder zu einer leeren Kategorie wird oder niemals *dasselbe* sowohl wirklich als auch in gewisser Hinsicht nur möglich sein könnte).

Bewegung besitzt, wie gezeigt, in sich immer noch Möglichkeitscharakter, der nach Aristoteles *als ein solcher* am Gegenstand wirklich sein muß und nicht nur eine Folge unserer Betrachtungsweise darstellt. Aus diesem Grund ist die Bewegung zwar „eine gewisse Art von Wirklichkeit" des Bewegten, aber nicht Wirklichkeit schlechthin (M IX 1. 1046a 1f.; 3. 1047a30–b2), durch die ein Ding seine es determinierenden Seinsgrenzen schon besäße und auf diese Weise etwas getrennt Wirkliches wäre. Die Realität der Bewegung, die nach dem Gesagten immer *zwischen* solche Begrenzungen oder bestimmten Zustände des definitiv Wirklichen fallen muß, ist dementsprechend ebenfalls keine diskrete, sondern, wie Aristoteles sie bezeichnet, „*kontinuierliche*" *(synechēs)* Realität. Sie wird nicht gefaßt durch Soundso*sein* im Sinne irgendeiner der Kategorien, sondern durch einen verfließenden und überall sich überlappenden Zusammenhang gleichwohl auseinanderliegender Teile oder Phasen innerhalb der Bandbreite eines Soundsoseins; z.B. der Größe beim Wachsen oder des Zähigkeitsgrads bei der Verflüssigung etc.

»Kontinuum« und ebenso das griechische *synechēs* heißt eigentlich nichts anderes als „Zusammenhalt" oder „Zusammenhang" von in bestimmter Ordnung aneinander angehängten Teilen. Aristoteles schreibt dazu:

> „Aneinanderhängend heißt, was in einer Reihenfolge sich berührt; das Kontinuierliche aber ist das, was zwar etwas Aneinanderhängendes ist, aber ich nenne es dann kontinuierlich, wenn die Grenze jedes der beiden [Teile], durch die sie sich berühren, ein und dieselbe ist und es so, wie auch der Name sagt, »zusammenhält«." (P V 3. 227a 6–12)

Jede Bewegung durchläuft eine streng geordnete Mannigfaltigkeit von Zuständen, d.h., sie darf nicht sozusagen auf der Stelle treten, sondern in ihr reiht sich immer anderes an anderes. Die Art der Ordnung ergibt sich aus der Kategorie, der diese Bewegung angehört und in deren Rahmen sie ihre Grenzen findet (z. B. Warmwerden der Luft oder Weichwerden einer Kerze oder das Herabfallen eines Tropfens). Zudem müssen die Zustände nur in genau einer Folge durchquert werden können. Aber dies beides würde den Vorgang noch nicht zu einer *Bewegung* machen, sondern zu einem Staccato von wechselnden Zuständen. Vielmehr erst wenn die Zustände aneinanderhängen, und zwar so, daß sich ihre Grenzen überlappen und miteinander *verschmelzen*, liegt eine Bewegung vor. Würden sie nicht verschmelzen, sondern sich nur „berühren", dann bräuchten sie nach Aristoteles noch etwas anderes, irgendeine weitere Dimension – eine von ihnen unabhängige Stelle –, an der sie »zugleich« sein, d. h. sich berühren könnten. Dann würden sie also nicht durch sich selbst, wie Aristoteles im Zitat sagt, „zusammenhalten". Die Verschmelzung der Grenzen ergibt erst den spezifischen Zusammenhalt des Kontinuierlichen.

Die Grenzverschmelzung von aufeinanderfolgenden Teilen eines Kontinuums bringt es auch mit sich, daß es nicht aus unteilbaren Elementen (z. B. geometrischen Punkten oder Augenblicken im Falle der Zeit) aufgebaut oder in sie zerlegt werden kann. Das zeigt Aristoteles sehr elegant am Anfang des VI. Buches. Denn der Aufbau eines Kontinuums aus unteilbaren Elementen würde erfordern, daß die Grenze eines Teils, die mit der eines anderen verschmilzt, unterscheidbar von dem Rest der beiden Teile wäre, was bedeutet, daß es sich entgegen der Annahme nicht um unteilbare Elemente handeln könnte. Ein Kontinuum kann sich deswegen nur aus Kontinua zusammensetzen, d. h. es muß *überall* in einer Verschmelzung von Teilen bestehen, die wiederum überall aus miteinander verschmelzenden Teilen bestehen, und so fort ins Unendliche:

> „Offenkundig ist damit auch, daß jedes Kontinuum teilbar ist in immer weiter Teilbares." (P VI 1. 231 b 15 f.)

Durch die Kontinuität, die der Bewegung zukommt, wird noch einmal unterstrichen, daß sie keine vollendete Wirklichkeit des Bewegten darstellen kann, sondern, wie im letzten Abschnitt erklärt, unvermeidlich mit einer bloßen Möglichkeit ihres Gegenstandes behaftet bleibt. Denn Kontinuierliches kann nicht aus Getrenntem zusammengesetzt werden, was immer es sei. Aber nur das Getrennte ist im vollen Sinne wirklich nach Aristoteles. Was sich nun nicht aus getrennt Wirklichem oder definitiv Seiendem aufbauen läßt, das ist auch in seinem ausgedehnten Zusammenhang nicht eine getrennte Wirklichkeit. Noch Leibniz bestätigte Aristoteles in der Auffassung, daß das Kontinuierliche nichts im vollen Sinne Wirkliches sein könne, obwohl er mit der Differentialrechnung eine Methode fand, die unendliche Teilbarkeit des Kontinuierlichen mathematisch exakt zu beherrschen. Dennoch vertrat auch er die These, daß ontologisch betrachtet ein Kontinuum niemals aus Punkten oder getrennten Einheiten bestehen könne und deshalb nichts vollkommen Wirkliches sei.

Der Begriff des Kontinuums, der in der ‚Physik' nicht nur den Begriff der Bewegung fundiert, sondern auch den der Zeit und der räumlichen Ausdehnung, hat seinerseits Fundamente im Begriff des Unendlichen, den Aristoteles vor allem im III. Buch, Kap. 4–8, und angewendet auf die Bewegung, im VI. Buch erörtert. Zu den drei letztgenannten Begriffen sollen nur noch wenige Hinweise gegeben werden, da sie von Aristoteles zwar allesamt auf hohem Niveau durchdacht, aber in eine solche Fülle von Einzelproblemen und Deutungsschwierigkeiten eingebettet sind, daß eine genügende Behandlung hier viel zu weit führen würde (übersichtlich dazu Craemer-Ruegenberg 1980: 88–106).

(1) Das Unendliche oder Unbegrenzte *(apeiron)* kann nach Auffassung des Aristoteles nicht als eine ganze oder komplett wirkliche Gegebenheit existieren. Dies gilt sowohl für das Unendliche der Teilung ins immer Kleinere (bei den besprochenen Kontinua) als auch für das Unendliche der Unerreichbarkeit von äußersten Grenzen einer Wirklichkeit. Aristoteles hält Unendlichkeit einzig

und allein in Gestalt der niemals auszuschließenden Wiederholbarkeit von Operationen – Teilung oder Hinzufügung – für zulässig, nicht aber die aktuelle Existenz dessen, was eine solche immer fortgesetzte Wiederholung zum Ergebnis haben würde: z.B. die Existenz unendlich vieler Punkte in einer Linie oder die eines unendlich ausgedehnten Raumes oder die von unendlich vielen Zahlen. Sie alle bleiben in ihrer Wirklichkeit abhängig von dem Fortgang der Operationen, durch die sie erzeugt werden.

Im Begriff des Unendlichen, das somit nur *potentiell*, d.h. kraft endloser Wiederholbarkeit der besagten Operationen existieren kann, bekommt der Möglichkeitscharakter der Bewegung und des Kontinuums seine letzte Begründung, über die Aristoteles nicht mehr hinausgeht. Denn wenn ein Kontinuum ins Unendliche aus Kontinua aufgebaut sein muß, dann kann es schon aus diesem Grund keine vollendete Wirklichkeit sein, weil sie sich andernfalls aus ebenso wirklichen Teilen, d.h. aus einer *aktuell* gegebenen Unendlichkeit von Teilen aufbauen müßte. Aber es gibt eben kein aktuell Unendliches nach Aristoteles, sondern nur Unendliches „der Möglichkeit nach", d.h. in diesem Fall: der immer gegebenen Möglichkeit nach, die Teilung fortzusetzen. Dementsprechend baut sich auch ein Kontinuum und mit ihm eine Bewegung *nicht aus wirklichen* Teilkontinua auf, sondern aus nur möglichen, die wirkliche Teile oder Stadien erst dann sind, wenn jemand eine solche Teilung vollzieht oder die Bewegung in einem bestimmten Stadium zum Halten bringt. *Ohne* einen solchen Eingriff durchgeht die Bewegung oder Linie *in einem Zug* ihre gesamte kontinuierliche Spannweite und definiert sich durch die Grenzen, in denen sie einerseits beginnt und andererseits endet. Was dazwischenliegt ist nur eins und nicht eine Vielheit wirklicher Teile.

Auf diese Weise ist es Aristoteles im VI. Buch (Kap. 2 und 9) der ‚Physik' u.a. gelungen, die berühmten Paradoxien Zenons aufzulösen, nach denen Bewegung und Vielheit überhaupt unmöglich seien. Das bekannteste ist das Paradox von Achilleus und der Schildkröte: Achilleus könne den Vorsprung einer Schildkröte im

Wettlauf niemals einholen, weil er für jede Strecke eine gewisse Zeit brauche, in der jedoch auch die Schildkröte eine, wenn auch kleinere Strecke zurücklege, so daß ihr Abstand zwar immer kleiner, aber niemals ganz aufgezehrt werde. Bei dieser Problemstellung wird sichtlich damit argumentiert, daß eine Unendlichkeit von noch so kleinen Strecken immer noch eine Unendlichkeit darstellt, die sozusagen Stück für Stück absolviert werden muß (so als seien es einzelne, voneinander getrennte Portionen) und deshalb niemals vollständig durchschritten werden kann. Es ist aber klargeworden, wie Aristoteles mit der geschilderten Auffassung von der Einheit des Kontinuierlichen, solange es nicht wirklich geteilt wird, das Argument Zenons schlüssig entkräften kann.

(2) Auch in Beziehung auf den Raum oder Ort *(topos)*, der eine wesentliche Voraussetzung für die Theorie bewegter Körper ist, spielt der Unterschied zwischen unendlicher Möglichkeit und stets definitiver und begrenzter Wirklichkeit eine wichtige Rolle. Aristoteles definiert den Ort eines Körpers folgendermaßen:

> „Die erste unbewegte Grenze dessen, was ihn umfaßt, das ist der Ort [eines Körpers]."(P IV 4. 212a 20f.)

Dabei legt er mit Recht Wert darauf, daß der Ort an etwas *Unbewegtem* festzumachen ist, weil dessen Bewegung andernfalls auf einen weiteren Ort verwiese, in dem sie selbst stattfindet. Allerdings zieht er nicht in Erwägung, daß es reicht, sich auf einen *starren* Bezugskörper zu beziehen, den man nur als unbewegt ansieht, ohne daß er als ganzer tatsächlich in Ruhe sein müßte. Auf diese Idee ist er nicht gekommen, weil er den Unterschied zwischen Bewegung und Ruhe für einen absoluten und ontologischen, nicht nur relativen Unterschied hält.

Ferner ist Aristoteles auch darin recht zu geben, daß der Ort nicht in der Begrenzung des zu verortenden Gegenstands selbst bestehen kann (sondern in der des ihn umfassenden), weil sonst kein Ortswechsel möglich wäre. Weil aber oft auch das einen Körper umfassende Gefäß in Bewegung ist, kann es in diesem Fall nach dem aristotelischen Verständnis des Sachverhalts nicht den notwendigerweise unbewegten Ort für ihn darstellen. Daher muß, wie Aristoteles schreibt, bis zur *ersten* unbewegten Grenze der Umgebung eines Körpers zurückgegangen werden, um seinen definitiven Ort (sein »Worin«) an ihr festzumachen. Damit wird allerdings der Ort oft weit von der zu verortenden Sache abgerückt sein, und Aristoteles gibt kein Verfahren an, durch das der festbleibende Ort auf den beweglichen Körper genauer zu beziehen wäre (etwa durch ein Koordinatensystem). Das spiegelt jedoch nur wider, daß ein bewegter Körper für Aristoteles eben solange *keinen* definitiven Ort hat, als er noch in Bewegung ist, während ein ruhender Körper seinen Ort unmittelbar an der Grenze seiner Umgebung zu ihm wirklich besitzt.

An der geschilderten Konzeption ist zweierlei hervorzuheben. Erstens hat nach ihr ein Körper nur solange einen Ort, als er in anderen, die ihn umgeben, enthalten ist. Es ist klar, daß da, wo gar nichts ist (wie im Leeren) auch nichts eine *Grenze* gegenüber dem Körper bilden kann, der einen Ort einnimmt. Aristoteles muß deshalb die These vertreten, daß es keinen leeren Raum gibt, was ein gravierender Nachteil seiner Definition ist. Ein Vorteil besteht demgegenüber darin, daß zwanglos eine äußerste Selbstbegrenzung des körperlichen Universums gedacht werden kann, ohne daß dieses Universum insgesamt noch einmal an einem Ort oder im Raume sein müßte, der sich dann ja weiter erstrecken würde als es selbst. Der Raum ist somit in der aristotelischen Perspektive ein durch die Existenz von Körpern auf Endlichkeit eingeschränkter Begriff, was wiederum modernen Auffassungen eher entgegenkommt (s. z. B. Einstein 1916: 72–77; vgl. Sambursky 1965: 132 ff.).

Die zweite Bemerkung bezieht sich darauf, daß der Ort, insofern er jeweils eine bloße „Grenze" ist, die gewisse Körper zueinander ausbilden, strenggenommen noch keinen *Raum,* d. h. keine kontinuierliche Ausdehnung ergibt. Aristoteles löst dieses Problem, wie zu erwarten, durch die Unterscheidung eines nur *poten-*

tiellen vom wirklichen Ort, den ein Körper einnimmt. Ein potentieller Ort ist einer, der von dem nicht abgetrennten Teil eines kontinuierlichen Körpers eingenommen wird (also z. B. von einem Bauchnabel), während nur wirklich getrennt vorkommende Körper, wie z. B. die Körner eines Sandhaufens, auch jeweils einen wirklichen Ort im oben definierten Sinn besitzen (vgl. P IV 5. 212b 3 ff.). Wenn man davon ausgeht, daß jeder aktuelle Ort eines getrennten Körpers zugleich als der potentielle Ort innerhalb eines größeren kontinuierlichen Körpers aufgefaßt werden kann, so erhalten wir den abstrakten Begriff einer kontinuierlichen räumlichen Ausdehnung *(megethos)*, mit dem Aristoteles in der ‚Physik' häufig operiert. Außerdem ist klar, daß sich in diesem aristotelischen Universum aus ineinandergeschachtelten und gegeneinander bewegten und aufeinander einwirkenden Körpern nur in dem Maße »Örter« herauskristallisieren, in dem die beteiligten Körper durch irgendwelche Ursachen einen, wenn auch vielleicht vorübergehenden Ruhezustand sowie eine definitive Form und Bestimmtheit annehmen.

(3) Schließlich muß noch die andere, unmittelbar mit Bewegung verbundene kontinuierliche Größe, die *Zeit*, hier erwähnt werden (zum Begriff der Zeit vgl. P IV, 10–14 und VI 3). Die Zeit ist nach Aristoteles das »Worin« der Bewegung, so wie das »Worin« des Körpers der Ort. Sie ist aber, anders als der Ort, unmittelbar selbst ein Kontinuum und demzufolge durch Zeitpunkte zwar begrenzt, besteht aber weder in solchen Grenzen selbst wie der Ort, noch läßt sie sich aus Zeitpunkten zusammensetzen. Vielmehr ist die Zeit stets noch eine *Dauer*, d. h. ein Zeitkontinuum „zwischen" beliebig eng beieinander liegenden Zeitpunkten. Aristoteles setzt sich eingehend mit der Frage auseinander, ob die Zeit selbst eine Bewegung sei oder nicht. Er verneint diese Frage zwar, zeigt aber zugleich auf, wie eng die Existenz der Zeit an das Vorhandensein von Bewegung geknüpft ist. Sie folgt zum einen der kontinuierlichen *Ordnung* von Bewegungen – als vorher und nachher – und wird zweitens durch den Vergleich mit gleichförmig

periodischen Bewegungen, vorzugsweise den Gestirnsperioden, gemessen, d.h. ist in gleiche und daher zählbare Zeitspannen zerlegbar. Um einen solchen Vergleich anzustellen und eine Zählung der Zeit auszuführen, bedarf es der Seele des Menschen oder jedenfalls einer zählenden Instanz, so daß es die Zeit als metrische Größe nur gibt, wenn es auch Seelen gibt, die Bewegungen ihrer Dauer nach vergleichen. Dies alles zusammenfassend definiert Aristoteles die Zeit folgendermaßen:

> „Die Zeit ist Zahl der Bewegung unter dem Aspekt von früher und später." (P IV 11. 219b 1f.)

Diese Definition und das aristotelische Zeitverständnis überhaupt ist in seiner Bedeutung sehr umstritten und viel diskutiert worden. Das Gesagte ist keine genügende Erklärung ihres Begriffs, sondern erwähnt nur einige offensichtliche Züge, die sein Gepräge grob umreißen können.

3.4 Prinzipien der Bewegung und der Begriff der physis

Außer der für eine bewegte Welt prinzipiell nötigen Unterscheidung von Materie und Formbestimmung der Dinge, wie sie im I. Buch dargestellt wird, und der Charakteristik der Bewegung selbst samt ihren unmittelbaren Voraussetzungen und Folgebestimmungen im III.–VII. Buch behandelt die ‚Physik' auch – und zwar als ihr eigentlich wissenschaftliches Erkenntnisziel – die Ursachen und Prinzipien der Bewegung in der Natur und den natürlichen Körpern; dies vor allem in ihrem II. und VIII. Buch.

Im Anschluß an die früher zitierte Definition der Bewegung (P III 1. 201a 19ff.) unterscheidet Aristoteles zwei grundverschiedene Arten von Bewegungsursachen. Bei den einen handelt es sich um Dinge, die Bewegung verursachen, indem sie zugleich selbst bewegt werden. Sie empfangen eine Rückwirkung der Bewegung auf sich, weil sie ihrerseits ein Vermögen in derjenigen Hinsicht besitzen, in dessen (unvollendeter) Wirklichkeit die durch sie verursachte Bewegung besteht. Auf diese Weise erwärmt (d.h. bewegt) z.B. ein warmer Körper einen anderen, indem er sich selbst abkühlt, weil er als warmer Körper einer ist, der zugleich der Möglichkeit nach kalt ist. Solche bewegenden Ursachen bezeichnet Aristoteles auch als „*physische Ursachen*".

Andere Bewegungsursachen sind demgegenüber Dinge, die kein Vermögen in der Hinsicht besitzen, in der sie die Ursache einer Bewegung sind. Z.B. ist ein Katalysator Bewegungsursache der Verbindung zweier chemischer Stoffe, aber nicht selbst dem Vermögen nach Teil dieser Verbindung; oder die Arztkunst (ein Beispiel von Aristoteles) ist Bewegungsursache des Heilungsprozesses in einem Patienten, unterliegt aber ihrem Vermögen nach nicht einem solchen Prozeß. Es ist klar, daß dieser Fall insbesondere dann gegeben sein muß, wenn eine Ursache ohne Materie existiert; denn dann ist sie überhaupt nichts »dem Vermögen nach«, sondern eine reine Wirklichkeit. Aristoteles verwendet große Mühe darauf, die Gegebenheit und sogar Unentbehrlichkeit von Bewegungsursachen im zweiten Sinn deutlich zu machen (s. z.B. P II 6. 198a 26ff.; WV I 7. 324a 24ff.; S I 2. 403b 25ff.). Ihre Anerkennung bildet die Grundlage dafür, von selbst „unbewegt" bleibenden Bewegungsursachen sprechen zu können, was Aristoteles bekanntermaßen mit Bezug auf die Künste, die Seelen von Lebewesen und den „ersten Beweger" des Universums immer wieder getan hat (zu letzterem s. vor allem Buch VIII in der ‚Physik' und vgl. oben Abschn. 2.4). Man wird ihm eine solche, von der verursachten Bewegung unbetroffen bleibende Bewegungsursache um so leichter zugeben, je entschiedener man daran festhält, daß Ursachen bei Aristoteles niemals unmittelbar eine Art von Dingen oder gewisse Substanzen bezeichnen, sondern vielmehr Positionen im Gefüge einer wissenschaftlichen Erklärung, die von Dingen oder Substanzen besetzt werden können.

Die erklärte Unterscheidung wird durch eine zweite ergänzt,

nämlich die zwischen primären und sekundären Bewegungsursachen. Die ersten sind solche, die *ihrem Wesen nach* bestimmte Bewegungen verursachen, so daß in ihnen die Rückverfolgung einer Ursachenkette für bestimmte Bewegungen zu einem Ende kommt; sie können »Prinzipien« oder »Erstursachen« der Bewegung genannt werden. Z. B. geht die Erwärmung eines Körpers in der Nähe von Feuer von diesem Feuer als dem Prinzip der Erwärmung aus und wird nicht darüber hinaus noch weiter zurückverfolgt. Sekundäre Bewegungsursachen sind dagegen entweder Zwischenstationen der Verursachung durch Bewegungsprinzipien, wie im gegebenen Beispiel die Luft zwischen Feuer und sich erwärmendem Körper; oder sie sind beiläufige Umstände, die ein Prinzip der Bewegung etablieren, wie z. B. das Fallenlassen der Zigarette durch einen Passanten ein Feuer entzünden kann.

Aristoteles insistiert auf der Wichtigkeit dieser zweiten Unterscheidung (vgl. z. B. M VI 3), weil ohne sie, wie er richtig erkennt, der gesamte Naturzusammenhang zu einer einzigen durch absolute Notwendigkeit regierten Einheit verschmolzen würde. Wenn das Vorbeigehen des Passanten für die Erwärmung eines dort befindlichen Körpers, z. B. eines dürren Baumes, im gleichen Sinn Ursache genannt wird wie das Feuer, das die auf Zunder fallende Zigarette entzündete, dann wird die Andersartigkeit der beteiligten Dinge und ihrer typischen Wirkungen völlig unerheblich gegenüber dem *einen* deterministischen Geschehenszusammenhang, der aus ihnen und wiederum ihren Ursachen insgesamt resultiert. Man kann sich dann darüber streiten, ob ein Mensch etwas anderes ist als eine Zigarette oder ein Baum, weil alles zusammen nur Teile des unfehlbar sich ergebenden Gesamteffektes sind. Man könnte auch ganz andere Teile des Gesamtzusammenhangs herausgreifen und dennoch die Situation des Ganzen richtig und vollständig beschreiben.

Diese Erwägung ist relevant für den Begriff der Natur oder *physis*, wie Aristoteles ihn in der ‚Physik' definiert hat. Denn Natur ist das jeweilige Wesen der Sache, betrachtet unter dem Aspekt, daß sie typische Wirkungen oder Bewegungen verursacht (vgl. dazu Waterlow 1982: bes. Kap. I und II):

> „Die *physis* ist ein gewisses Prinzip und eine Ursache der Bewegung und Ruhe in dem Ding, in dem sie primär an sich und in nicht beiläufiger Weise enthalten ist." (P II 1. 192b 21f.)

In dieser Definition können die oben aufgeführten Unterscheidungen von Bewegungsursachen wiedererkannt werden: Die *physis* ist ein *Prinzip* für Bewegungen, d.h., bei ihr kommt die Rückverfolgung gewisser Bewegungsabläufe zu einem sinnvollen Abschluß. Zugleich charakterisiert sie das Ding, in dem sie existiert, „an sich" und nicht beiläufig, d.h., sie macht sein Wesen oder die Substanz des Dinges aus. Drittens finden die Bewegungen, deren Prinzip eine *physis* ist, zunächst in dem Ding, also dem betreffenden Körper selbst statt, in dem sie in nicht beiläufiger Weise enthalten ist; d.h. die Rede ist von *physischen Ursachen.* Z.B. ist die Wärmebewegung, deren Prinzip die *physis* des Feuers ist, zuerst im Feuer, und das Feuer ist (nach Aristoteles) ein warmer und wärmeausstrahlender Körper. Die Definition der *physis* faßt den Begriff somit in seiner Gegebenheit als physische Ursache auf, d.h. immer im Verein mit dem jeweiligen materiellen Körper, in dem sie das Prinzip der Bewegung ist.

Das ist deshalb hervorzuheben, weil es zwei sehr unterschiedliche Weisen gibt, wie nach Aristoteles die *physis* oder das Prinzip der Bewegung mit seinem Körper (in dem es immer sein muß) verbunden sein kann. Das eine Mal ist die Verbindung so beschaffen, daß die *physis* in diesem Körper als dessen Form von der Materie zu *unterscheiden* ist. Dann ist *allein diese Form* das immanente Prinzip der Bewegung und – wie früher deutlich geworden – mit der Seele eines Lebewesens zu identifizieren. Das andere Mal, z.B. beim Feuer, ist die *physis* im betreffenden Körper als der unmittelbare Charakter der Materie selbst, d.h. seine Materie ist ganz und gar in derjenigen Bewegung begriffen, deren Prinzip die *phy-*

sis dieses Körpers heißt. Feuer *besteht* im Ausstrahlen von Wärme, d. h. in so und so bewegter oder wirksamer Materie. Die *physis* ist in solchen Fällen ein immanentes Prinzip der Bewegung bloß als so und so bewegte Materie.

Weil dieser Doppelsinn besteht, bedarf es eines zweiten Schrittes, um in dem, was die ‚Physik' als ihr hauptsächliches Prinzip definiert (eben die *physis*), das wiederzuerkennen, was auch in der ‚Metaphysik' als Substanz, d. h. selbst *unbewegte* Determination des Seins eines Seienden unter derselben Bezeichnung dargelegt wurde. Das kann allerdings auch nicht weiter erstaunen, weil die ‚Physik' auf das getrennt Wirkliche *als Bewegtes* aus ist und deshalb die Prinzipien von ihm in erster Linie als physisch wirkende Ursachen ins Auge fassen muß.

Im Anschluß an die allgemeine Definition der *physis* tut Aristoteles den genannten zweiten Schritt. Er differenziert zwischen zwei Grundbedeutungen der *physis*, die sich auf die besagten unterschiedlichen Fälle physischer Bewegungsprinzipien beziehen. Auf der einen Seite nämlich bedeutet *physis* die Materie, aus der letztlich alles besteht; genannt werden ausdrücklich die vier Elemente Feuer, Erde, Luft und Wasser (P II 1. 193a 21–23). Mit ihnen sind gewisse Bewegungsprinzipien gegeben, die, ohne den inneren Unterschied von Form und Materie an sich zu haben, das Auftreten bestimmter Prozesse in der Natur zufriedenstellend erklären können. Doch erschöpfen sie noch nicht den Begriff der *physis* überhaupt, sondern auf der anderen Seite und sogar vorrangig bedeutet *physis* die „Form" der Dinge, die ein Prinzip der Bewegung in sich selbst haben:

> „Auf andere Weise [denn als Materie] ist die *physis* die Gestalt *(morphē)* und die Form *(eidos)* der Dinge, die ein Prinzip der Bewegung in sich selbst besitzen, Form nämlich, die nicht getrennt existiert außer der Definition nach." (P II 2. 193b 3–5)

Im Zusammenhang mit der zweiten Bedeutung der *physis* ist nun nicht mehr von den Elementen die Rede, sondern nur noch von Lebewesen, die sich in der früher geschilderten Weise durch die Tätigkeit ihrer Formen – der Seelen nach Aristoteles – formgleich wieder erzeugen und fortpflanzen. In der zweiten Bedeutung ist die *physis* somit eine Bewegungsursache, die einerseits, weil sie nur körperlich existieren kann, sehr wohl als physische Ursache in den Bewegungskontext eintritt, deren Prinzip andererseits aber, weil es eine von der Materie des Dinges zu unterscheidende Form ist, doch eine *nicht* physische, sondern unbewegt bleibende Bewegursache genannt werden muß.

In der allgemeinen Formulierung des Aristoteles, daß die *physis* ein dem Körper immanentes Prinzip von Bewegung sei, verbergen sich also zwei durchaus unterschiedliche Fälle, die dem Begriff einen jeweils anderen Sinn verleihen: Bei manchen Dingen ist die *physis* eine Form, bei anderen Materie und bei manchen auch beides in verschiedener Weise.

In einem späteren Kapitel desselben Buches faßt Aristoteles die herausgearbeitete Doppelsinnigkeit der physischen Bewegungsursachen noch einmal zusammen:

> „Zwei verschiedene Prinzipien sind es, die natürliche Bewegung verursachen, von denen das eine *nicht* ein physisches ist; denn es hat kein Prinzip der Bewegung in sich selbst. Von dieser Art ist etwas, wenn es bewegt, ohne bewegt zu werden, wie das vollkommen Unbewegte und von allen Dingen Erste und auch das Was-Sein *(ti estin)* und die Gestalt *(morphē);* denn das ist Ziel und Worumwillen [des Werdens]." (P II 6. 198a35–b4)

Man sieht hier, daß die Formel der *physis:* „Prinzip der Bewegung in sich selbst" zunächst auf den bewegten *Körper* zielt, der ein Prinzip seiner Bewegung enthält – also auf die physische Ursache –, nicht aber sogleich auf die *physis* als Form. Von den physischen Bewegungsursachen, die ein solches Prinzip enthalten, wirken die einen als bloße Materie (Feuer, Wasser etc.); sie bleiben im letzten

Zitat freilich unerwähnt. Die anderen dagegen wirken als Form-in-Materie, sind also lebendige Körper, die allein überhaupt eine definitive Form besitzen. *Alle beide* aber sind Dinge, die „ein Prinzip der Bewegung in sich haben", also *physische* Bewegungsprinzipien. Von diesen beiden so unterschiedlich gebauten physischen Bewegungsursachen ist wiederum das Prinzip »Form« zu unterscheiden, das zur Erklärung des Bewegungskontextes zwar ebenfalls wesentlich ist (deshalb eine Bewegungsursache), aber nicht *durch* eine Bewegung bewegt, sondern als „Ziel", in dem eine physische Bewegung zu ihrem definierten Abschluß gelangt. In ihm nämlich – dem Ziel – ist der durch *physis* bewegte Körper definitiv dieses oder jenes Seiende und besitzt die betreffende Form in vollendeter Wirklichkeit.

Zusammenfassend gesprochen, handelt es sich bei der *physis* um ein äußerst raffiniert gebautes Prinzip. Es erklärt – weil grundsätzlich in Materie eingebettet – das Auftreten von Bewegung überhaupt; es erklärt aber auch – weil manchmal innerhalb seiner Einbettung als *Form* isoliert –, warum manche Dinge durch solche erklärlichen Bewegungen zu einem definitiven Sein gelangen. Als bloße Materie (welche die *physis* zumindest *auch* ist) bleibt sie immer in Bewegung, ist damit immer kontinuierlich und setzt ihre Bewegungen auch über die Grenzen des einzelnen Wesens hinaus fort; z.B. wirkt sich das Methangas, das die Verdauung der Kühe produziert, verändernd auf die Atmosphäre aus. Wo sie hingegen auch Form ist, da führt die *physis* eine Materie *durch* den von ihr verursachten Bewegungskontext dazu, definitiv dies oder jenes – Ameise oder Pferd oder Mensch – zu sein, d.h., sie führt zu getrennten Individuen, die durch ihren Bildungsprozeß die unterscheidbare Form der *physis* als Ziel wieder verwirklichen. Andere, ebenfalls durch natürliche Bewegungsursachen entstehende Körper bleiben dagegen unscharf abgegrenzte, immer bewegte Materie, z.B. Berge oder Pfützen oder Steine oder Wolken. Die letztgenannten bringen es nicht zu einer von Materie unterscheidbaren Form, sind aber dennoch durch physische Ursachen erklärbare Teile des kontinuierlichen Bewegungszusammenhangs der Natur.

3.5 Die Materie im Kreis der Vier Elemente: ‚Über Werden und Vergehen'

Aus der an ihrem Grunde fluent und immer in Bewegung bleibenden Materie der Körperwelt erhebt sich nach Aristoteles, wenn auch nur stellenweise, die durch seine jeweilige Form bestimmte, definitive Wirklichkeit des Lebendigen – in Gestalt einzelner Individuen, die dank dieser Form, in der ihr Werden ans Ziel kommt, *genau* (nicht mehr fluent) diese und keine anderen Dinge sind. Die Erhebung der Materie zur vollendeten Wirklichkeit wird regulär verursacht durch die erklärten *physeis* und vollzieht sich ihrerseits im Modus von Bewegungen (dem substantiellen Werden), die jedoch anders als die meisten ein durch ihre physische Ursache programmiertes, wohldefiniertes Ende erreichen (falls nichts dazwischenkommt). An diesem Ziel *sind* sie ganz und gar wirklich, d. h., sie sind nicht mehr nur in Bewegung, obwohl sie immer noch bewegte Körper bleiben. Denn kein Lebewesen ist zu irgendeiner Zeit ohne Bewegung.

Die Pragmatie ‚Über Werden und Vergehen' behandelt die Verfassung der fluenten Ausgangsbasis für die Bildung des Lebendigen. Sie erklärt, wie die Materie strukturiert sein muß, damit eine Entstehung substantieller Einheiten auf ihrer Basis überhaupt möglich ist.

> „Jetzt aber wollen wir über die Ursache von der Art der *Materie* sprechen, durch die Vergehen und Werden niemals aufhören in der Natur. Denn zugleich damit könnte auch das deutlich werden, worüber wir gerade in Aporie waren, nämlich wie man das schlechthinnige Vergehen und Werden [d. h. das der Substanzen] zu erklären hat." (WV I 3. 318 a 9–13)

Es ist keineswegs gleichgültig, wie die Materie verfaßt ist, wenn man will, daß Substanzen aus ihr entstehen und in sie vergehen können. Zum Beispiel könnte gar keine substantielle Einheit aus

Materie entstehen, wenn sie in keiner Weise fließend wäre, sondern aus unveränderlichen Bausteinen oder Elementen bestünde (zu dieser Thematik von WV vgl. bes. Bogaard 1979). Mit seiner durch kontinuierliches Fließen charakterisierten Materie wendet sich Aristoteles sowohl gegen eine atomistische Konzeption der Wirklichkeit, wie sie z. B. von Demokrit, als auch gegen eine hylozoistische, wie sie z. B. von Empedokles vertreten wurde.

Bei Demokrit sind bereits die Atome Substanzen und müssen auch die einzigen bleiben. Denn sie sind einerseits unzerstörbare Körper, andererseits aber auch nicht integrierbar zu komplexeren Einheiten, weil sie selbst keinerlei Veränderlichkeit besitzen sollen. So bleibt für den Atomismus in dieser Form nur ein trauriges Bild der makroskopischen Wirklichkeit übrig, nach dem alle komplexeren Gebilde nur scheinbare Einheiten sind, in Wahrheit aber verbindungslose Aggregationen ursprünglich schon fertiger Substanzen. Über sie hinaus kann es nichts Neues unter der Sonne geben.

Ähnlich steht es auch mit dem hylozoistischen Entwurf des Empedokles: Vier, wie er sagt, „unsterbliche" und von göttlichem Leben erfüllte „Wurzeln" – durch Aristoteles bekannt unter dem Namen der Vier Elemente: Feuer, Wasser, Erde und Luft – geben für Empedokles die Grundlage aller Wirklichkeit ab. Sie „wachsen" zwar durcheinander und bilden mannigfache Verflechtungen aus, aber nie kann die Art der einen Wurzel in die der anderen übergehen oder auf sie einen verändernden Einfluß nehmen. Sie bleiben strenggenommen von Anfang bis Ende das einzige, was es wirklich gibt (zu diesen vorsokratischen Positionen vgl. Buchheim 1994).

Auch wenn Aristoteles in ‚Über Werden und Vergehen' die empedokleische Lehre von den Vier Elementen ausdrücklich aufgreift, erfüllen sie in seiner Theorie doch wesentlich andere Funktionen. Sie sind stets fluente, stets qualitativen Schwankungen ausgesetzte Materie – niemals definitive Substanzen mit einer vollendeten Wirklichkeit. Deshalb können sie nach Aristoteles (1) ineinander übergehen und bilden sich (2) unter gewissen Umständen zu höheren und komplexeren Einheiten, die in manchen Fällen lebendige Körper sind.

(1) Was zunächst ihr Übergehen ineinander betrifft, so ordnet Aristoteles die Vier Elemente in einem *Kreislauf* des Werdens an: Aus dem feuchten und kühlen Wasser wird durch Erwärmung Luft, aus Luft durch Ausdörrung Feuer, aus Feuer durch Abkühlung Erde oder Asche und aus Erde durch Verflüssigung Wasser. Es sind demnach bestimmte *qualitative* Prozesse, durch die die Vier ineinander wandlungsfähig sind. Jedes der Elemente füllt mit seiner Materie eine *Bandbreite* von je zwei haptischen Grundqualitäten aus, in der es dieses Element und kein anderes ist: das Wasser eine Bandbreite der Qualitäten kalt und feucht; die Luft eine Bandbreite der Qualitäten feucht und warm; das Feuer eine der Qualitäten warm und trocken und schließlich die Erde eine Bandbreite der Qualitäten trocken und kalt (vgl. z. B. WV II 3. 330a30–b3). Haptische Qualitäten müssen es deshalb sein, weil der reale Körper sich nach Aristoteles dadurch auszeichnet, das wirklich Berührbare und der Berührung Widerstand Entgegensetzende zu sein.

Da die Vier Elemente als materielle Basis alles Körperlichen das ganze Universum (unterhalb des Fixsternhimmels) in verschiedenen und teilweise wechselnden Konzentrationen erfüllen und durch irgendwelche Bewegungsursachen hierhin und dorthin getrieben werden (z. B. entfleucht Feuer laut Aristoteles immer nach oben, Erde drückt immer nach unten – sie sind ja Bewegungsprinzipien in sich selbst), so werden je nachdem, welche Portionen welcher Elemente dabei aufeinandertreffen, diese oder jene Wandlungsprozesse in Gang gesetzt. Z. B. muß irgendwo die Wärmeausstrahlung eines Feuers sein, wo Wasser zu Luft erwärmt werden soll; oder irgendwo die kühlende Wirkung des Wassers oder der Erde selbst, wo Feuer erstickt werden und sich in Asche niederschlagen soll etc.

Aristoteles erklärt in der vorliegenden Pragmatie im einzelnen, wie der besagte Kreislauf funktioniert, welche Voraussetzungen für ihn nötig sind (z. B. die Kontinuität der Materie, die Berührung und Gegensätzlichkeit aufeinander wirkender Körper etc.) und welche Arten des Werdens auf welche Weise zu unterscheiden sind (Entstehung, Veränderung und Zunahme sowie ihre jeweiligen Gegenteile).

Wichtig ist, daß aus der ganzen Konzeption eines solchen Wandels der Elemente ineinander folgt, daß sie noch einmal eine ihnen gemeinsame Materie besitzen müssen, die in ihrem Wandlungprozeß erhalten bleibt. Diese sozusagen unterste Materie oder Stofflichkeit der Welt bezeichnet die Tradition des Aristotelismus mit gewissem Recht als »prima materia«. Für das rechte Verständnis dieser grundlegenden Stofflichkeit ist allerdings zu beachten, daß sie, wie Aristoteles selbst klargemacht hat (s. WV II 5. 332 a 16–24), nur eine *Denknotwendigkeit* bezeichnet und keine in ihrer Qualität angebbare, geschweige denn isolierbare Realität darstellt. Die prima materia ist nichts, was es als solche gibt, sondern es gibt sie nur in vierfacher Ausfertigung als die Vier Elemente, d. h. entweder als Feuer oder als Wasser oder als Luft oder als Erde. Man geht nicht fehl, wenn man sagt, die prima materia im Sinne des Aristoteles sei nichts als eben die *Wandlungsfähigkeit* der vier Grundkörper ineinander. Diese sind selbst die gesamte Materie, und Aristoteles bezeichnet sie auch so, während die *prima materia* eine ihnen untrennbar innewohnende Strukturbedingung ihres Verhaltens darstellt.

(2) Dies alles sind nun erst die von Aristoteles auseinandergesetzten Vorbereitungen für den eigentlichen Schritt, um dessen Begründung sich die Pragmatie dreht, nämlich wie aus den ineinander wandlungsfähigen Elementen etwas anderes und Neues neben ihnen entstehen könne: „Auf welche Weise entsteht aus ihnen etwas anderes neben ihnen?" (WV II 7. 334 a 22 f.)

Das Problem der Entstehung von Neuem, von einer höheren, nicht auf die Elemente einfach reduzierbaren komplexen Einheit, die eine entstandene Substanz ist, versucht Aristoteles durch den hier eingeführten Begriff der *Mischung* zu lösen (vgl. bes. Bogen 1996: 189 ff.). Sie bewältigt den ersten Schritt im Übergang vom Bewegtsein bloßer Materien zum definitiven Sein komplexer Körper, sprich: Organismen. Dieser erste Schritt ist die Bildung von organischen *Homoiomeren* wie „Fleisch" oder „Knochen" (gemeint sind »gleichteilige«, aber dennoch komplexe Körpergewebe, aus denen sich die Organe der Lebewesen aufbauen). Zwar gibt es nach Aristoteles auch anorganische Mischungen – wie Metalle und Mineralien –, aber das Prinzip der Mischung ist bei beiden gleich; nur die Konfiguration der Ursachen und Stoffe, die zur Mischung führen, ist natürlich sehr verschieden.

Man kann sagen, daß Aristoteles in dem geschilderten Problem der Bildung höherer Komplexität, mit dem auch unsere heutige Naturwissenschaft noch ringt, mehr ein dringendes Desiderat seiner Ontologie erkannt hat, als daß er einen auch nur im Horizont seiner eigenen Begrifflichkeit klaren Vorschlag zu seiner Lösung unterbreitet hätte. Was ihm als Lösung vorschwebt, findet sich in einem längeren, schwerverständlichen Passus (WV II 7. 334 b 2–16), der hier nicht im einzelnen auseinandergesetzt werden kann, weil er vielleicht mehr Schwierigkeiten aufwirft als wirkliche Aufklärung bringt (vgl. z. B. Fine 1996: 84 ff.; 119 ff.; 164 ff. Waterlow 1982: 83 ff.). Aristoteles will dort im Großen und Ganzen sagen, daß die an einer Mischung beteiligten elementaren Ingredienzien zwar einen Prozeß des wechselseitigen Ausgleichs ihrer gegensätzlichen Qualitäten (warm – kalt, trocken – feucht) beginnen, aber dieses Geschehen in einer Schwebe bleibt, die für das so entstehende Gemeinsame *beide Gegensätze* auf einmal in einer bestimmten Gewichtung und Toleranzbreite realisiert. Da es sich um Gegensätze handelt, muß das Wirkungsgeschehen in der Vermischung andauern. Aber es pendelt sich, statt einfach ins Gegenteil umzuschlagen, in einem bestimmten Verhältnis der beiden Kräfte und mit bestimmter Toleranzbreite der realisierten Qualitäten ein, so daß, wenn der übrige Bewegungskontext den Nachschub und die Ursachen für dieses Geschehen gewährleistet, ein stabiler, aber tatsächlich im Vergleich mit dem Bisherigen neuartiger Zustand entsteht. Man könnte ihn kurz als »dynamische Vereinigung« bezeichnen, die den beteiligten Qualitäten einen bestimmten *logos*, d. h. ein anteiliges Verhältnis ihrer Wirksamkeit aufprägt, also einen „*logos* der Mischung" etabliert (s. S I 4. 408 a 13–15).

In der Tat ist es ja so – und daran dürfte Aristoteles gedacht haben –, daß in lebendigen Organismen sehr viele solcher Balancen oder dynamischer Fließgleichgewichte anzutreffen sind (vgl. Tracy 1969: 178 ff.; King 2000), die, obwohl in Bewegung, doch zugleich eine feste Struktur verkörpern. Wenn die Regelung derartiger Gleichgewichte ausfällt, dann fällt auch es selbst in sich zusammen, wie z. B. totes oder vom Organismus abgetrenntes Fleisch alsbald verfault und sich zersetzt. Daß Aristoteles bei den organischen Homoiomeren wie Fleisch und Knochen solche Fließgleichgewichte im Sinn hat, ergibt sich auch aus einer anderen Stelle der Pragmatie (WV I 5. 321 b 19–34), wo er sie ausdrücklich als „Durchflüsse" von immer anderer Materie schildert, die dabei jedoch immer dasselbe „wird" oder produziert. Nur spricht er dort nicht von Mischungen, sondern von geformtem Stoff. Doch kann der oben angeführte „*logos* der Mischung" als die für Aristoteles einfachste Art und Weise gelten, wie eine unterscheidbare Form in Materie wirklich ist.

Damit sind die spezifisch interessierenden Hauptsachen der Pragmatie ‚Über Werden und Vergehen' wenigstens kursorisch dargelegt. Es folgen noch mehrere Kapitel über die Ursachen und Prinzipien des Werdens als *Prozeß*, nicht nur, wie bisher, in bezug auf materielle Grundlagen seiner Möglichkeit. Die Bewegungsursachen des Werdens sind einerseits die früher erklärten *physeis* der natürlich werdenden und vergehenden Körper, andererseits die ewigen Antriebe für das Werden auf Erden, die Kreisläufe der Gestirne, deren Perioden ein ebenfalls in Perioden verlaufendes Werden und Vergehen der Elemente und auf ihrer Basis auch die Zyklen des organischen Werdens ermöglichen. Auch der Kreislauf der Gestirne braucht, weil er in gewisser Weise mit einer Möglichkeit des Nichtseins behaftet ist, noch einmal ein ihm vorgeordnetes Prinzip, das in dieser Schrift allerdings nur an einer Stelle erwähnt wird (WV II 10. 336b 28–32). Denn es und sein notwendiger Zusammenhang mit dem Bewegungsrhythmus der Natur bildet, wie früher erklärt, einen Zielgedanken anderer Pragmatien, wie der ‚Metaphysik' und ‚Physik'.

3.6 Die Seele als »vollendete Wirklichkeit«

Die Seele, so sagt Aristoteles zu Beginn der ihr gewidmeten Untersuchung, „ist das Prinzip der Lebewesen". Die Pragmatie betrachtet dementsprechend das getrennt Wirkliche, insofern es lebendig ist oder ein Prinzip von Lebendigkeit enthält. Damit qualifiziert sich auch diese Schrift als Teil der Philosophie, genauer der Zweiten Philosophie oder Naturphilosophie (*physikē:* S I 1. 403a 27f.). Denn die Philosophie hat insgesamt die Aufgabe, das getrennt Wirkliche in seiner vollen Wirklichkeit zu betrachten. Sie ist, wie Aristoteles in der ‚Metaphysik' sagte, „Wissenschaft der Wahrheit". Daran erinnert Aristoteles am Anfang der Pragmatie über die Seele mit der Feststellung, „sie leiste einen wichtigen Beitrag zur Wahrheit überhaupt, besonders aber zur *physis*" (S I 1. 402a 4–6). Besonders zur *physis* trägt sie deshalb bei, weil die Lebewesen, deren Prinzip die Seele ist, zwar getrennt Wirkliches und definierbare Substanzen, dabei aber immer auch bewegte Körper sind. Der Begriff der *physis* aber hat – als Prinzip der Bewegung – seinen Ort nur im ursächlichen Zusammenhang des Bewegten und Materiellen.

Trotz der prinzipiell gegebenen Beziehung auf Bewegtes und materiell Existierendes betrachtet Aristoteles in ‚Über die Seele' Lebewesen nicht *als* bewegte Körper, sondern in demjenigen Prinzip von ihnen, das als solches *unbewegt*, d.h. das Sein dieser Körper ist – eben die Seele. Ihre Unbewegtheit ändert nichts daran, daß die Seele nach Aristoteles (und sehr im Unterschied zu Platon) ein *körpergebundenes* Sein ist. Aristoteles ist das Gegenteil eines Leib-Seele-Dualisten (hierzu aufschlußreich: Heinaman 1990, der Aristoteles allerdings eine bestimmte Art von Dualismus zuschreiben möchte). Die Seele ist nicht eine unkörperliche Substanz in einer körperlichen (die, wie z. B. Platon dachte, etwa im Tod getrennt und vom Leib befreit werden könnte), sondern sie ist vielmehr die unkörperliche Substanz *des Körpers,* der die Seele hat.

> „Deshalb darf man auch nicht danach fragen, ob die Seele und der Körper *eins* sind – wie auch nicht das Wachs und seine Kontur und überhaupt die Materie eines jeden und das, wovon es die Materie ist. Denn das »Eins« und das »Sein« werden zwar auf vielfache Weise verstanden, aber vor allem meinen sie die vollendete Wirklichkeit *(entelecheia).*" (S II 1. 412b 6–9)

In diesem Zitat fällt auch das Stichwort, das nach Aristoteles die Seele definiert. Es lautet „vollendete Wirklichkeit", griechisch *entelecheia,* anderswo auch *energeia* (z. B. M VIII 3. 1043a 35f.). Und das bedeute, so sagt Aristoteles hier ausdrücklich, nichts anderes als Sein und Einssein in ihrem hervorragendsten Sinn. Also ist die Seele das Sein von einem Körper, jedoch von einem sehr besonderen, nämlich einem komplex organisierten Körper, so daß er lebendig sein kann. Die Definition der Seele, die Aristoteles gibt, lautet dementsprechend:

> „Die Seele ist die primäre vollendete Wirklichkeit eines physischen Körpers, der der Möglichkeit nach Leben besitzt; ein solcher Körper aber ist organisch." (S I 2. 412a 27f.)

Diese Definition ist in ihrer genauen Bedeutung außerordentlich umstritten; für eine Diskussion und besonnene Abwägung verschiedener Deutungsmöglichkeiten vgl. insbesondere Frede (1992) und Hübner (1999); meine Interpretation folgt in ihren Hauptzügen der von Hübner.

»Sein von einem Körper« oder »vollendete Wirklichkeit eines Körpers« ist im Kontrast zu dem zu verstehen, was wir in der ‚Physik' als die *unvollendete* Wirklichkeit von Körpern kennengelernt und erklärt haben: die Bewegung. Manche Körper müssen sich *allein* mit unvollendeter Wirklichkeit begnügen, d.h., sie sind genaugenommen immer irgendwie in Bewegung. Andere dagegen sind vollständig das, was sie auch bleiben; sie haben eine vollendete Wirklichkeit.

Betrachten wir für einen Augenblick die beiden Ausdrücke, die Aristoteles für die Definition der Seele verwendet. *Entelecheia* bedeutet auf deutsch wörtlich soviel wie »sein Ziel in sich haben«. In der ‚Physik' wurde deutlich, daß ein Körper, wenn er durch einen physisch verursachten Entwicklungsprozeß eine bestimmte, von seiner Materie unterscheidbare Form bekommt, sie als „Ziel" *(telos)* seines Werdens erreicht. In ihm endet sein Werden; d.h. er bleibt, was er dann ist, und dies Sein ist seine *entelecheia* oder vollendete Wirklichkeit.

Das Wort *energeia* hat demgegenüber eine etwas andere Bedeutung, obwohl es von Aristoteles auch als Synonym gebraucht werden kann. Es bedeutet wörtlich »in Ausübung eines Tuns *(ergon)* begriffen sein«. Weil aber die Tätigkeit oder das »Werk« oft als Ziel von Bewegungen firmiert, läuft beides auch auf dasselbe hinaus (M IX 1050a 21ff.). Der andere Bedeutungsakzent liegt jedoch darin, daß *energeia* bevorzugt für Tätigkeiten gebraucht wird, die von einem Wesen ausgeübt werden, ohne sein ganzes Sein zu erfassen – etwa Wahrnehmen, Nachdenken oder Handeln. Sie können infolgedessen von ihm auch unterlassen werden, ohne daß es ein anderes wird. Während *entelecheia* vorzugsweise für Aktivitäten gebraucht wird, die als Zielzustand *des gesamten Dinges* zu verstehen sind, das dabei tätig oder vollendet wirklich ist. So auch im Fall der Seele, die natürlich eine vollendete Wirklichkeit des ganzen Körpers ist, der eine Seele hat.

Die Seele ist also nach Aristoteles das definitive, ein für allemal erreichte Sein eines lebensfähigen Körpers. Zugleich gilt, daß „das

Sein für die Lebendigen das Leben ist“ (S II 4. 415b 13). Folglich ist die Seele, wenn sie vollendete Wirklichkeit oder definitives Sein eines lebensfähigen Körper ist, nichts anderes als das, was wir *Leben* nennen (zu dieser Gleichsetzung s. auch S II 1 412a 13–21). Das ergibt einen guten Sinn. Denn das Leben ist das Ziel aller Bewegungen, die zur Bildung eines lebensfähigen Körpers (etwa im Mutterleib) führen. Und wenn er einmal lebt, dann sagen wir, er sei das ganze Leben hindurch und trotz aller Veränderungen, die noch stattfinden mögen, *derselbe* und definitiv ein solcher, z. B. ein Hund oder eine Ameise. Hingegen kann man leicht darüber in Zweifel geraten, was das wahre Sein eines toten Hundes ist: Gehört er nicht z. T. schon zu den Fliegen, die sich von ihm ernähren, oder zur Erde, in die er sich zersetzt etc.? Das Sein dieses toten Körpers verteilt sich sogleich ins Unscharfe, nur Materielle. Das *Leben* also hält das Sein eines Dinges in definitiven Grenzen fest, ist Ziel und vollendete Wirklichkeit dieses Dinges und keines anderen.

Aristoteles verwendet die Worte *entelecheia* und *energeia* auch oft im Dativ, um auszudrücken, daß etwas „der Wirklichkeit nach“ irgend etwas sei im Unterschied zur bloßen Möglichkeit. Diese Redeweise bedeutet jedoch etwas anderes als »vollendete Wirklichkeit« im Nominativ. Denn was der Wirklichkeit nach irgend etwas ist, das ist zugleich der Möglichkeit nach das Gegenteil davon; z. B. ist das der Wirklichkeit nach Warme zugleich der Möglichkeit nach kalt. Diese inhärente Möglichkeit in dem, was der Wirklichkeit nach ist, drückt für Aristoteles den materiellen Charakter des Dinges aus: Das Warme ist ein Körper (z. B. Luft), der kalt werden kann, aber dennoch dieser Körper bleibt. Anders die vollendete Wirklichkeit, die eine Seele ist. Wenn ein bestimmtes Ding mit der vollendeten Wirklichkeit z. B. des Pferdseins existiert, dann ist es nicht zugleich der Möglichkeit nach *nicht* ein Pferd, weil es, ohne Pferd zu sein, gar nicht mehr dasselbe Ding heißen könnte. Vielmehr hat es zugleich – als Seele – die vollendete Wirklichkeit eines Pferdes und – als so und so beschaffener Körper – auch die Möglichkeit, ein Pferd zu sein. Es ist somit dem Vermögen *und* der

Wirklichkeit nach dasselbe (vgl. S II 5. 417b 2–7). Sein Leben als Pferd setzt sich fort durch die Aktivitäten und Bewegungen, die es mit seinem Körper beständig ausführt, um am Leben zu bleiben, insbesondere Ernährung und Stoffwechsel:

> „Beseeltes bewahrt seine Substanz und existiert nur so lang, solange es sich nährt." (S II 4. 416b 14f.)

Die bemerkenswerte und von Aristoteles klar ins Auge gefaßte ontologische Besonderheit des Lebens oder Seins des Beseelten liegt darin, daß es trotz seiner außerordentlich hohen internen Differenziertheit dennoch streng ein und dasselbe bleibt. Schlafen, Essen, Wahrnehmen, Spazierengehen, Nachdenken, den Beruf Ausüben – all dieses und viel mehr ist Teil *ein und desselben Lebens* im strengsten Sinne, den dieses Wort (»dasselbe«) überhaupt annehmen kann. Wenn wir demgegenüber bewegte Dinge betrachten, etwa einen Körper, der warm wird, weich wird, verdampft oder verbrennt etc., so hat dieser nicht eine solche Toleranzbreite von Verhaltensweisen, ohne seine Identität zu verlieren, ohne ein anderes Sein zu bekommen. Deshalb ist es nach Aristoteles' Auffassung unangemessen, die Tätigkeiten, aus denen sich ein Leben zusammensetzt, als bloße Bewegungen eines Körpers anzusehen. Sie sind zwar alle *auch* Körperbewegungen; sie sind aber darüber hinaus sämtlich verschiedene *Weisen*, definitiv dieses Lebendige – etwa ein Pferd – zu sein, und integrieren sich allesamt zu diesem einen Leben, das mit der Seele als vollendeter Wirklichkeit eines so organisierten Körpers identifiziert wurde.

Hinzu kommt die weitere Besonderheit, daß ein Leben in seiner Identität nicht davon abhängig zu sein scheint, wie lange es dauert und welche Tätigkeiten sich in ihm aneinanderreihen. Zwar sind bestimmte Tätigkeiten, wie z. B. die Stoffwechseltätigkeit, notwendig, damit das Betreffende überhaupt lebt. Aber davon abgesehen wird ein Hundeleben, das mit der Geburt endet, dennoch definitiv dieses Leben gewesen sein; und wenn es sich über Jahre hinweg fortgesetzt hätte, so wäre es immer noch dasselbe gewesen, obwohl der Hund viel mehr erlebt hätte. Wir müssen deswegen die Integrationsform eines Lebens bei aller zugegebenen inneren Verschiedenheit so denken, daß das Leben in jeder der Tätigkeiten, die ein Organismus ausführt, dasselbe ist.

Dies gilt infolgedessen auch für die Seele. Sie ist in allen Tätigkeiten, die ein Organismus ausführt, dieselbe, ohne jedoch selbst überhaupt ein eigenständiges Ding zu sein. Vielmehr ist sie, wie oft gesagt, das Sein oder die vollendete Wirklichkeit eines Dinges, nämlich eines so und so beschaffenen und bewegten Körpers. Wer lieber dabei bleiben möchte, nur von Körpern und ihren Beschaffenheiten zu sprechen, anstatt von Seelen und Leben, der kann dies nach Aristoteles ruhig tun. Er wird aber nicht umhin können, das Sein von belebten Körpern doch für andersartig zu halten als das von *bloß* bewegten Körpern. Aristoteles versucht in ‚Über die Seele' nur, dieser Andersartigkeit Begriffe zu geben.

Ausgehend von der oben zitierten Definition der Seele unterscheidet Aristoteles im weiteren Verlauf der Pragmatie drei Hauptkomplexe von Tätigkeiten, die für beseelte Wesen charakteristisch sind: nämlich (1) *Ernährung* und *Fortpflanzung*, (2) *Wahrnehmung* und (3) *Vorstellung*, zu der auch *Streben* (das Ortsbewegung initiiert) und *Überlegen* (im Falle des Menschen) gehören; das *reine Denken* genießt demgegenüber einen gewissen Sonderstatus und kann strenggenommen nicht als seelisch im erklärten Sinn einer Wirklichkeit des Körpers angesehen werden (s. u.). Aristoteles bezeichnet die drei aufgezählten Stufen auch als drei verschiedene „Seelen" – nämlich vegetative, perzeptive und imaginative oder kognitive Seele. Das bedeutet indessen nicht, daß sie in dem Lebewesen, in dem sie zusammen vorkommen, noch verschieden wären; sondern hier bilden sie immer eine Einheit unter der jeweils höchsten Stufe, die realisiert wird. Ein Mensch z. B. kann seinen Hunger – also ein Gefühl der ersten und zweiten Seelenstufe – beherrschen, um eine Überlegung zu Ende zu bringen etc. Die drei Stufen der Seele und die Erklärung der verschiedenen Seelenfunktionen und Wahrnehmungsarten, die Aristoteles gibt, können hier nicht im einzelnen dargestellt werden.

Im allgemeinen hebt Aristoteles hervor, daß die jeweils niedrigere Seelenart zwar „getrennt“ vorkommen könne; z. B. hätten die Pflanzen nur eine vegetative Seele, Tiere dagegen immer auch eine perzeptive, manchmal sogar imaginative und einzig der Mensch eine kognitive Seele. Umgekehrt aber könnten die höheren Seelenarten niemals ohne sämtliche niedrigeren vorkommen. Vielmehr gelte hier:

> „Stets ist in dem jeweils Nächsten das Frühere dem Vermögen nach enthalten; bei den geometrischen Figuren genauso wie bei den beseelten Wesen. Im Viereck z. B. ist das Dreieck enthalten; ebenso in einem wahrnehmungsfähigen Wesen das ernährungsfähige.“ (S II 3. 414b 29–32)

Die Seele ist wie ein Kontinuum, wo ebenfalls immer in einer weitergespannten Einheit eine engere enthalten ist – „der Möglichkeit nach“, wie Aristoteles meint, weil ja die wirklich gegebene Abgrenzung des betreffenden Kontinuums weiter ist als das darin Inbegriffene. Das Dreieck ist im Viereck enthalten, aber man greift es ja nicht als ein Dreieck heraus. Wenn man es herausgriffe, so hätte man kein Viereck mehr, sondern nur den Rest, der zusammen mit dem Dreieck ein Viereck ergibt. So auch die Seele: Indem sie – im Falle des Menschen – überlegungsfähig ist, ist sie notwendigerweise auch eine wahrnehmungsfähige und darin wiederum ernährungsfähige Seele.

Trotz der erläuterten Vergleichbarkeit mit einem Kontinuum *ist* die Seele natürlich *kein* Kontinuum, weil sie ja – anders als jedes Kontinuum nach Aristoteles – vollendete Wirklichkeit eines organisierten Körpers ist und, wie gezeigt, in jeder Tätigkeit dieselbe. Was aber in all seinen Teilen dasselbe und ganze ist, das hat zumindest eine gewisse *Verwandtschaft* mit einem Kontinuum.

Mit der Pragmatie über die Seele, die, wie anfangs gesagt, der

Zweiten Philosophie zugehört, d. h. sich um die *physis* und gewisse von ihr bewegte Körper dreht, schließt Aristoteles den Kreis der Wahrheitswissenschaft und kehrt zurück zum Zielgedanken der Ersten Philosophie. Dieser Zielgedanke war „Gott", der zu bestimmen ist als „das reine Denken, das sich selber denkt". Zu ihm kehrt Aristoteles in ‚Über die Seele' zurück, weil auch der Mensch zum reinen Denken *(noein* oder als Substantiv: *nous)* fähig ist. Er allerdings kann nur als ein beseeltes Wesen denken, das – anders als Gott – zugleich äußere Wahrnehmung hat und sich ernähren muß. Deshalb kann er auch nicht lange so konzentriert denken, sondern wird immer wieder irritiert und in die körperliche Existenz zurückgezogen.

Nachdem die ‚Metaphysik' Gott oder das reine Denken als eine *getrennte*, ohne Materie an und für sich bestehende Wirklichkeit erwiesen hat, findet auch dann, wenn der Mensch wirklich in diesem anspruchsvollen Sinn denkt, dies Denken nach Aristoteles *nicht* als ein materieller Prozeß statt (vgl. hierzu Kahn 1992). Aristoteles unterscheidet zwischen *diskursivem* (d. h. durch Vorstellungen, Begriffe und Bilder hindurchgehendem) Überlegen und *unmittelbar wesenserfassendem* Denken. Nur das letztere ist dem zugeordnet, was Gott als eine von aller Materie getrennte Wirklichkeit ist. Deshalb kann ihm auch dann, wenn es im Menschen stattfindet, kein körperlicher Prozeß mehr zugrunde liegen (vgl. S III 4. 429b 4f.). Es ist sozusagen nicht unser Eigentum, sondern eine geliehene, göttliche Wirklichkeit in uns.

Diese merkwürdige Konzeption, daß der Mensch zu etwas fähig ist, das gar nicht mehr seiner eigenen Verfassung als körperliches Wesen angehört, sucht Aristoteles dadurch zu rechtfertigen, daß er eine Aufspaltung des reinen Denkens vornimmt, nämlich die Aufspaltung in einen passiven und einen aktiven *nous* (so bezeichnet die scholastische Tradition die beiden). Der erste ist eine Art von der übrigen Seele zu unterscheidende geistige Offenheit, die Aristoteles das „reine Denken *(nous)*, weil es alles [Gedachte] *werden* kann" nennt (S III 5. 430a 14f.) – gleichsam eine reine Vernunft im Wartestand, noch ohne Gedanke. Sie ist, *bevor* wir in dieser Weise wirklich denken, wie Aristoteles beteuert, „noch gar nichts Seiendes der Wirklichkeit nach" (S III 4. 429a 24). Vielmehr *wird* sie eben erst zu einem wirklichen reinen Denken *in uns*, wenn sie durch das ewig wirkliche reine Denken Gottes, „das reines Denken ist, weil es alles [Gedachte] *wirkt*" (S III 5. 430a 15), erfüllt oder erleuchtet wird „wie durch ein Licht" (ebd.). Durch diese Aufspaltung vermeidet Aristoteles den Eindruck, daß wir doch sozusagen über das verfügen könnten, was nicht das Unsrige sein kann, wenn es stattfindet; zugleich erklärt er damit aber, warum das reine Denken, wenn es in einem materiellen Wesen stattfindet, doch nur in uns Menschen stattfinden kann. Denn nur wir haben die besagte passive Offenheit dafür.

Man muß zugeben, daß die Passagen über den *nous* oder das reine Denken (S III 4–6) zu den dunkelsten und unverständlichsten Texten gehören, die wir von Aristoteles besitzen. Klar ist, daß die Theorie des reinen Denkens eigentlich nicht mehr zur Theorie der Seele gehört, weil die Seele als körpergebundene Wirklichkeit definiert wurde. Vielmehr kehrt Aristoteles hier tatsächlich mit Bedacht zur Ersten Philosophie zurück. Ebenso deutlich ist aber auch, daß wir Menschen erst über die körpergebundenen Kompetenzen unserer Seele dahin gelangen können, in jener göttlichen Weise selbst zu denken. Eine Theorie oder ein Gedanke muß durch Empirie und diskursives Überlegen vorbereitet sein, es muß sich aus eigener Kraft in die Nähe der Wahrheit gebracht haben, bevor wir – dann nicht mehr aus eigener Kraft – ihrer gewiß werden. Wir können uns das göttlich Wahre nicht aus dem Stand sozusagen ausdenken. Das diskursive Überlegen aber und erst recht die bewegten Vorstellungen und Wahrnehmungen, aus denen wir unsere diskursiven Gedanken aufbauen, sind sämtlich körpergebundene Leistungen unserer Seele. Nur sie gehören uns, das reine Denken dagegen ist Gott vorbehalten. Selbst unsere geistige Offenheit für es, also unsere Möglichkeit zu denken, entdecken wir erst, wenn wir durch den Einfall des göttlichen Denkens wirklich Denkende werden. Denn jene Offenheit, „die alles Gedachte bloß werden kann", war vorher nichts der Wirklichkeit nach, wie Aristoteles betont.

Daran, daß der Mensch im reinen Denken den Umkreis seiner eigenen Wirklichkeit verläßt, hat Aristoteles nie einen Zweifel gelassen. Ein Text aus der ‚Nikomachischen Ethik', der dies belegt, kann daher gut an das Ende dieser kurzen Skizze des aristotelischen Seelenbegriffs gerückt werden:

> „Ein dem reinen Denken gewidmetes Leben geht über das menschliche Maß hinaus; denn nicht, insofern er Mensch ist, führt er ein solches Leben, sondern insofern etwas Göttliches in ihm vorhanden ist. Um so viel aber, wie dieses Göttliche von dem verschieden ist, was mit Materie zusammen existiert, um so viel ist auch diese Tätigkeit verschieden von denen, die den anderen Tugenden zugeordnet sind. Wenn also der Geist göttlich ist im Verhältnis zum Menschen, dann ist auch das ihm gewidmete Leben göttlich im Verhältnis zum menschlichen Leben." (NE X 7. 1177b 26–31)

IV. Das Tun der Menschen und seine Effekte

1. Was auch anders sein kann: der Raum des rationalen Strebens

Alles, was es außer den jetzt beschriebenen Dingen noch gibt – also außer natürlich bewegten Körpern, ihren Bewegungsursachen und Zielzuständen, Örtern und Dauern, Aggregaten und Mischungen, ihren Seelen und natürlichen Verhaltensweisen, sowie außer Gott als der reinen Tätigkeit des Geistes –, das ist Ergebnis und Effekt des menschlichen Handelns. Das Handeln des Menschen, d. h. einige der von seiner Seele begonnenen Tätigkeiten, hat eine Besonderheit gegenüber allen anderen aus bestimmten Vermögen der Dinge resultierenden Verhaltensweisen, nämlich *rational gesteuert* zu sein und damit *Alternativen* der Realisierung zuzulassen. Wasser hat das Vermögen zu verdunsten, wenn es erwärmt wird, ein Vogel das Vermögen fortzufliegen, wenn eine Katze sich ihm nähert. Mag der Vogel immerhin keinen oder nur mangelhaften Gebrauch von diesem Vermögen machen (während das Wasser in jedem Fall verdunstet, wenn es eine bestimmte Temperatur erreicht hat), so kann er es doch nicht auf andere Weise realisieren als dadurch, daß er fortfliegt. Rational gesteuerte Vermögen haben demgegenüber die Eigenart, ganz unterschiedliche Weisen ihres Gebrauchs zuzulassen, die alle Realisierungen desselben Vermögens sind und nicht etwa bloß Verzicht auf seinen Gebrauch oder die Realisierung eines anderen Vermögens. Wie man einen Gedanken ausdrückt oder verfehlt, wie man die Aufmerksamkeit eines anderen auf sich lenkt, wie man einen Dank abstattet oder undankbar ist, wie man kooperiert oder sich unkooperativ verhält, was man sagt, um jemanden zu einer bestimmten Verhaltensweise zu bringen, usw., das hängt von der Übersicht über die eigene Situation und Einschätzung der Lage der Dinge ab, die man selbst wiederum – als rationale Kernleistungen – ganz unterschiedlich erbringen und vorantreiben oder auch verweigern kann. Es ist eine äußerst gewagte Vermutung, die heute zwar manche anstellen, die aber kaum jemand auch für seine persönliche Lebensführung verteidigen würde, zu meinen, daß auch alle rational gesteuerten Verhaltensweisen alternativlos nur *einen* bestimmten Verlauf nehmen könnten, weil sie nach physikalischen Gesetzen der Materie, aus der wir bestehen, zustande kommen müßten.

Auf diese Ambivalenz oder Polyvalenz rationaler Vermögen gründet Aristoteles alle praktische Philosophie samt ihren Gegenständen in der Ethik, Politik und den hervorbringenden Künsten, die die Menschen erfinden.

> „Alle rationalen Vermögen sind dieselben in bezug auf Gegensätzliches, während von denen ohne Ratio je eines auf einen Effekt geht, wie z. B. das Warme allein auf Erwärmung, aber die Arztkunst auf Krankheit und Gesundheit geht. Ursache dafür ist, daß das Wissen ein *logos* [= Ratio, Rede, vernünftige Darlegung] ist, aber derselbe *logos* die Sache wie auch ihr Fehlen *(sterēsis)* deutlich macht, wenn auch nicht auf dieselbe Weise. [...] Der *logos* aber ist in der Seele, welche das Prinzip der Bewegung innehat, so daß diese beides von demselben Prinzip aus initiieren kann, indem sie es [durch den *logos*] in bezug auf dasselbe zusammenhält." (M IX 2. 1046b 4–22]

Es ist nicht leicht zu sagen, worin Rationalität eigentlich besteht. Die Antwort des Aristoteles ist offenbar die, daß in ihren Vermögen oder Medien (wie Rede, Gedanken, Künste und Wissen) ein Ding immer ins Verhältnis zu seiner Negation, seinem Fehlen oder seiner Privation *(sterēsis)* gerückt ist. Eine Sache logisch erfassen heißt, den Abstand zu ihrem Nichtsein *ermessen*, sehen, was und wie weit der Unterschied ist zu ihrem Gegenteil oder Mangel. Das ist ja auch die Natur des Wahren und zu Bejahenden, daß es dem Falschen und zu Verneinenden gegenübersteht und nur dadurch ist, was es ist, nämlich *wahr*.

Wenn aber die Rationalität primär darin besteht, dann hat ein mit ihr gekoppeltes Strebevermögen – das seelische „Prinzip der Bewegung", von dem im Zitat die Rede ist – zugleich mit der Grundtendenz auf den positiven Effekt auch das Vermögen zur Realisierung des umgekehrten Effekts inne. Der Arzt, der wissend heilt, tut dies im Wissen und Vermeiden dessen, was krank macht. Warum aber vermeidet er es? Braucht er dazu ein anderes Vermögen des Krankmachens, dessen Betätigung er unterläßt? Wohl nicht, sondern das Krankmachen ist eine Realisierung desselben Vermögens wie das, das er zum Gesundmachen braucht. Warum aber gebraucht er es so und nicht anders? Das erklärt das bisher Gesagte noch nicht.

Der Mensch sei, so sagt Aristoteles einmal grundsätzlich zu dieser Frage, „ein strebendes Denken oder überlegendes Streben" (NE VI 2. 1139b 4f.). Weil er nun aber, um handelnd tätig zu werden, nicht nur denkt, sondern zugleich auch strebt, d.h. auf ein bestimmtes Gut aus ist, ist es von so entscheidender Bedeutung, wovon ein Mensch denkt, daß es gut sei. Die Ambivalenz der Rationalität *kann* nicht ihr einziges Kennzeichen sein, sondern da, wo sie zur Handlung führen soll, muß sie zugleich eine bestimmte Auffassung des Guten begründen, weil niemand zugleich das Gegenteil (das er immer mitdenkt) auch tun kann. *Praktische* Rationalität ist nicht nur der Alternativen mächtig, sondern zugleich zu einer von ihnen als einem Gut entschieden. Eine Auffassung des Guten aber bildet sich der Mensch nach Aristoteles niemals mit sich allein, sondern nur im Austausch mit anderen. Deshalb ist der Mensch, insofern er *rational* handelt, auch ein genuin politisches, d.h. in Kategorien der Gemeinschaftlichkeit denkendes Wesen (vgl. z.B. Salkever 1990: 67ff.):

„Warum der Mensch ein aufs Politische angelegtes Lebewesen ist, mehr als jede Biene oder jedes Schaf, ist deutlich. Denn nichts macht die Natur, wie wir sagen, umsonst, vernünftige Rede (= Ratio, *logos*) aber hat der Mensch allein von allen Lebewesen. Das Lautgeben ist nun zwar Anzeichen des Schmerz- und Lustvollen, deshalb gibt es das auch bei anderen Lebewesen; bis dahin nämlich ist ihre Natur gelangt, daß sie das Schmerz- und Lustvolle wahrnehmen und dies einander anzeigen. Die vernünftige Rede aber ist zur Mitteilung des Vorteilhaften und Schädlichen da und deswegen auch des Gerechten und Ungerechten. Dies nämlich ist im Vergleich zu den anderen Lebewesen den Menschen eigentümlich, daß sie allein die Wahrnehmung des Guten und Schlechten, Gerechten und Ungerechten etc. besitzen. Aber die Gemeinschaft in diesen Dingen schafft den Haushalt und die Polis. Und also ist die Polis oder der Haushalt sogar früher als jeder einzelne von uns." (PL I 2. 1252 a 7–19)

Rationalität eröffnet uns Alternativen unseres Handelns und Verhaltens und entwickelt zugleich die animalisch distanzlose Lust weiter zu einer Auffassung des Guten, die mit anderen *geteilt*, zumindest aber *auf sie bezogen* ist und die deshalb auch der Rechtfertigung bedarf.

Rationales Streben bietet somit zwei Ansatzpunkte für Veränderungen und damit für alternative Möglichkeiten unseres Lebens und Daseins: erstens den des Weges zum Ziel, d. h. der Art und Weise, ein Ziel zu realisieren, und zweitens den der Zielbestimmung, d. h. der Modifikation dessen, was man für gut und erstrebenswert hält. Es handelt sich insgesamt um die eigentümliche Verfassung des Menschen, die man auch – vor allem in späterer Zeit – seine *Freiheit* genannt hat und von der Philosophen und Nichtphilosophen immer wieder behauptet haben, es könne sein, daß es sie vielleicht gar nicht gibt. Auf diese Frage kann hier nicht eingegangen werden. Man muß sich aber bewußt machen, daß die

Leugnung der Freiheit zugleich zur Leugnung einer Wurzel der Rationalität gerät, jedenfalls dann, wenn man sie so faßt wie Aristoteles.

Weil die praktischen und hervorbringenden Wissenschaften grundsätzlich nur dasjenige ins Auge fassen, was durch die Schleuse der menschlichen Ratio gegangen ist, um real zu sein – und was daher Alternativen zuläßt –, gibt es nach Aristoteles auch eine prinzipiell unterschiedliche Betrachtungsart dafür in der praktischen Philosophie gegenüber der, die in der theoretischen Philosophie und in bezug auf deren Gegenstände geboten war:

> „Als Grundannahme setzen wir zwei rationale Fakultäten der Seele: die eine, wodurch wir die Dinge betrachten, deren Prinzipien es nicht zulassen, sich anders zu verhalten, und eine, wodurch wir das betrachten, was dies zuläßt." (NE VI 2. 1139a 6–8)
>
> „Was es zuläßt, sich anders zu verhalten, ist etwas, das entweder hervorzubringen *(poiēton)* oder im Handeln auszuführen *(prakton)* ist." (NE VI 4. 1140a 1f.)

Die praktische Philosophie ist gewissermaßen nur die systematische Analyse und geläuterte Fortführung dessen, was wir auch *tun*, wenn wir einfach das Leben leben, das uns als rationalen Wesen zugedacht ist. Es gilt für sie insgesamt das, was Aristoteles für die ethischen Pragmatien mehrmals ausdrücklich festgestellt hat:

> „Nicht Erkenntnis, sondern Handlung ist ihr Ziel." (NE I 1. 1095a 5f.; vgl. II 2. 1103b 26–31 und, wie früher [S. 67] zitiert, M II 1 993b 21)

Man hat diesem aristotelischen Konzept der praktischen Philosophie bisweilen vorgeworfen, es mache sich die Sache zu einfach mit der Feststellung, daß die Ethik von Dingen handle, „die sich auch anders verhalten können", im Gegensatz zur Theorie der Wirklichkeit, die auf notwendige Sachzusammenhänge fixiert sei. Eine mögliche Rechtfertigung dieser Unterscheidung hat man darin gesehen, daß Aristoteles nicht über einen strengen Gesetzesbegriff des Natürlichen verfügt habe, sondern die Natur für ihn eben nicht nach notwendig geltenden Gesetzen, sondern nur nach zumeist geltenden Regeln verfaßt sei.

Jedoch nützt diese Entschuldigung von beiden Seiten aus betrachtet eigentlich gar nichts. Denn auch für Aristoteles, der nicht über unseren Begriff von Naturgesetzen verfügt, ist der Raum des Ethischen, Geschichtlichen und Kulturellen *allein* durch die im Verhältnis zu seiner Rationalität stehenden Tätigkeiten des Menschen eröffnet und braucht deswegen kein anderes Fundament seiner Realität als eben diese Tätigkeit in Anspruch zu nehmen. Wenn diese also nicht rein nach den Regeln der Natur zustande kommt, dann auch nicht jener Raum. Von der anderen Seite betrachtet aber gilt ebenso, daß auch wir mit guten Gründen zögern, unseren Begriff der Naturgesetze auf unsere rationalen Verhaltensweisen anzuwenden, weil dadurch alles, was unsere Geschichte und Kultur hervorgebracht hat und noch hervorbringt, zu einem notwendig so und nicht anders verfaßten Subkontext der Natur würde. Daß aber ein Urteil des Bundesverfassungsgerichts ebenso ein Stück Natur wie das Aufbrodeln eines Geysirs in Island ist, das glauben auch wir gewöhnlich nicht.

Im Gesamtfeld typisch menschlicher Tätigkeit, d. h. im Feld des rationalen Strebens überhaupt trifft Aristoteles, wie sich schon im vorletzten Zitat ankündigte, wiederum eine grundlegende Unterscheidung, nach der sich auch die Zuordnung der jeweiligen Pragmatien zu entweder praktischen oder hervorbringenden Wissenschaften richtet. Gemeint ist die Unterscheidung zwischen Handlung und Hervorbringung oder griechisch zwischen *praxis* und *poiēsis* (s. z. B. NE VI 4–5. 1140a2–b7), die für Aristoteles eine hohe systematische Bedeutung besitzt.

Hervorbringend nennt Aristoteles ein Tun, das auf ein Ziel außerhalb seiner selbst gerichtet ist, in dem es sich erfüllt. Beispiele dafür sind der Hausbau, Ackerbau oder die Medizin, die jeweils ein bestimmtes Produkt oder Werk besser oder schlechter zustande bringen oder bereitstellen.

Handlung dagegen ist Tätigkeit, die ihr Ziel in sich selbst und ihrem eigenen Gelingen besitzt, wie z. B. das Musizieren oder Spielen, aber auch alles politische oder die Belange menschlicher Gemeinschaft und Kommunikation (wie Freundschaft, Familie etc.) pflegende Handeln. Dabei zählt Aristoteles nur diejenigen Tätigkeiten zu den Handlungen im engeren Sinne, die, weil sie ein menschliches Gut zu realisieren streben, das Verhältnis der Menschen untereinander betreffen (s. NE X 8. 1178a 9–14). Die rein wissenschaftlichen Tätigkeiten, die Theorie und das Denken, die nach Aristoteles ihr Ziel ebenfalls in sich selbst haben, sich aber auf Gegenstände richten, die sich nicht anders verhalten können, sind höchstens in dem äußerlichen Sinn Handlungen zu nennen, daß sie zum Lebensglück der Menschen beitragen können, die sie betreiben (vgl. PL VII 3. 1325b 16ff.).

Weil Handeln sich nicht in einem äußeren Produkt erfüllt, sondern in seinem eigenen mehr oder weniger gelungenen Dasein besteht, und weil dieses Dasein nichts anderes ist als die Fortsetzung der Existenz eines Handelnden – was wir unser biographisches (nicht biologisches) »Leben« nennen – verschmilzt Handlung mit Handlung zu einem mehr oder weniger konsequenten Ganzen, eben dem Leben, das jemand führt: „Das Leben ist Handlung, nicht Hervorbringung", sagt Aristoteles (PL I 4. 1254a 7), und das Ziel, in dem sich Handlung erfüllt, ist deshalb ihre *eigene* gute Qualität – die *eupraxia* oder das in sich stabilisierte Wohlergehen im gelingenden Handeln (vgl. NE VI 6. 1140b 7). Und dieses ist nichts anderes als Glücklichsein (*eudaimonia*, z. B. NE I 2. 1095a 13–21) oder das oberste Gut des Menschen, wonach wir alle letztlich streben.

Weil es indessen unter Menschen höchst umstritten ist, worin das Glücklichsein besteht (s. NE I 2. 1095a 20f.), wie es näher zu bestimmen und auf welchem Weg diese Bestimmungen zu realisieren sind, braucht es praktische Wissenschaften, von denen die Ethiken des Aristoteles und die Politik, die der Individualethik übergeordnet ist, Beispiele geben.

Übrig bleiben auf der anderen Seite die »Künste« *(technai)* als hervorbringende Wissenschaften, die jeweils die Regeln zur optimalen Herstellung eines bestimmten Produkts aufzuklären suchen und somit dem Modell der *poiēsis* folgen, d.h. der rationalen Tätigkeit, die ihr Ziel in etwas Äußerem besitzt. Die erhaltenen Beispiele für aristotelische Pragmatien dieser Art sind die ‚Poetik' und die ‚Rhetorik'.

2. Was heißt gut handeln? ‚Nikomachische Ethik' und ‚Politik'

2.1 Das menschliche Gut und die »Tugenden«

»Das Gute« hat für Aristoteles keine rein subjektive Bedeutung, aber auch keine rein objektive, wie vielleicht am ehesten für Platon. Niemals kann das nur für mich Gute so heißen, weil dies vielmehr das momentan Angenehme oder tierisches Wohlbefinden wäre. Als *gut* muß es seinem Anspruch nach vielmehr über die rein subjektive Befindlichkeit hinausreichen, indem es auch für andere ein mögliches Gut ist. Doch meint es auch nicht das an und für sich Gute, das in jeder Hinsicht und für alles Wirkliche gut ist, so wie Platons „Idee des Guten". Vielmehr ist das Gute für Aristoteles ein *intersubjektiver* Begriff, d.h. relativ auf den Menschen als rationales Wesen, der immer mit Seinesgleichen eben darüber in Austausch und Streit begriffen ist, was gut ist oder nicht. Aus diesem Grund ist das Gute zugleich ein *sittlicher* Grundbegriff, d.h., es betrifft die Frage, wie man sein und sich verhalten *soll* (auch wenn es dazu verschiedene Auffassungen gibt), und zielt nicht etwa nur auf Vorteilsmaximierung im Sinne des Wollens und Wünschens einzelner.

Aristoteles legt sich die Frage vor, ob unser Wollen sich auf das richtet, was gut ist, oder aber nur auf das, was als gut erscheint (NE III 6. 1113a 14ff.). Beides birgt unüberwindliche Schwierigkeiten. Im ersten Fall nämlich könnte nicht mehr gesagt werden, daß das, was jemand aufgrund falscher Überzeugungen wählt, von ihm so gewollt sei, weil der Wille sich nur auf das eigentlich Gute richtet. Dies war die Ansicht des Sokrates, daß niemand willentlich schlecht handelt. Im zweiten Fall aber wäre, was immer jemand will, auch gut, weil es ihm so erscheint. Das entspricht der Auffassung der Sophisten, insbesondere des Protagoras, die den Menschen von jeder Pflicht zur Rechtfertigung seines Wollens entbindet. Die Antwort des Aristoteles ist so typisch, wie sie nur sein könnte, nämlich daß beides richtig ist, aber für sich genommen nicht vollständig, sondern daß „schlechthin gesprochen" zwar das Gute selbst Ziel unseres Wollens sei. „Für jeden einzelnen" aber sei es das ihm so erscheinende. Diese Doppelung bringt es mit sich, daß jeder in dem, was ihm als das Gute erscheint, danach trachtet, es auch wirklich zum Ziel zu haben. Wenn er aber danach trachtet, dann muß er es in gewisser Weise auch als solches zu rechtfertigen bereit sein. Indem wir ein Gut als *gut* wollen, berücksichtigen wir schon, daß es nicht nur für uns, sondern überhaupt und d.h. auch für andere als ein Gut anerkennbar zu sein hat.

Die Ethiken des Aristoteles, insbesondere die ‚Nikomachische Ethik' suchen insgesamt und systematisch die wichtigsten Gesichtspunkte zur Reflexion und Rechtfertigung des menschlichen Guts und seiner Variationen herauszustellen. Nachdem zu Anfang der ‚Nikomachischen Ethik' das Glücklichsein *(eudaimonia)* als äußerstes und sich selbst genügendes Ziel menschlichen Strebens benannt wird, sollen die weiteren Überlegungen den möglichen Gehalt dieses obersten Ziels „wenigstens dem Typus nach" näher bestimmen (I 7. 1098a 21ff.; II 2. 1104a 1). Denn mehr als ein Typus ist im Feld der Praxis und angesichts des für das Gute wesentlichen Streits unter den Menschen niemals zu erreichen (vgl. Höffe 1995: 19ff.).

Hier liegt nun ein besonderes Raffinement der aristotelischen Ethik verborgen. Denn man muß den Typus des menschlichen Guten offenbar so fassen, daß damit ein gewisses Ziel charakterisiert wird, ohne bezüglich des Streits und Austauschs darüber, worin es bestehe, vollendete Tatsachen zu schaffen. Dies bewerkstelligt Aristoteles so, daß er die Rationalität selbst, die den Streit entfacht und schlichtet, in eben das Ziel aufnimmt, welches den Typus des menschlichen Guten umreißt:

> „Als spezifische Leistung des Menschen setze ich eine bestimmte Lebensstufe an, die ich weiterhin als Tätigkeit der Seele, insbesondere *Handlungen im Verbund mit Ratio* bestimme, wobei dies alles bei einem tugendbewährten *(spoudaios)* Menschen gut und richtig heißt, jede Tat aber gut nur infolge der ihr eigenen Tugend ausgeführt wird. Wenn dies also so ist, dann ist das menschliche Gut die Tätigkeit der Seele gemäß einer Tugend *(aretē)* und, wenn es mehrere Tugenden gibt, gemäß der besten und vollendetsten; und dies für ein ganzes Leben, denn eine Schwalbe macht noch keinen Frühling, so wenig wie ein Tag." (NE I 6. 1098a 12–19)

Die Vorsicht des Aristoteles ist offenkundig: Das gesuchte Gut besteht in Handlungen, die mit derjenigen Kompetenz des Menschen verbunden sind, die den Austausch über das, was gut ist oder nicht, wachhält und sich zugleich selbst gebunden weiß an gewisse Muster oder Vorbilder tugendhaften Handelns, denen es nachzueifern gilt. So sehr der rationale Diskurs über das Gute begünstigt wird, so sehr wird die Beliebigkeit seines Ausgangs eingeschränkt durch die geforderte Berücksichtigung von unstrittigen Standard- oder Modellfällen des menschlichen Guten, vor denen sich die erneute Ausübung entsprechender Tätigkeiten zu rechtfertigen hat. Aristoteles ist sich der Tatsache wohl bewußt, daß es keine externen und keine festliegenden Maßstäbe für das menschliche Gute und die sittliche Qualität seines Handelns geben kann, daß aber die Art und Weise, sie zu bestimmen und abzuwandeln, sich jederzeit vernünftig zu begründen und vor bestehenden Vorbildern der Tugend zu behaupten hat. Das erste gibt Rechtfertigung vor anderen, das zweite eine gewisse Konservativität des dafür gehaltenen Guten, dem die Menschen nachstreben sollen. Aristoteles legt zudem Wert auf die Feststellung, daß das betreffende Gut kein kurzlebiges sein darf, sondern so veranlagt und ins übrige Leben eingebettet werden muß, daß es dieses insgesamt und auf Dauer prägen kann.

Das griechische Wort für »Tugend« *(aretē)* drückt zunächst gar nichts anderes aus als das für Menschen spezifische Gut selbst, insofern es zur erworbenen Eigenschaft einer Person geworden ist. So fest oder offen wie jenes Gut bestimmt wird, wird also auch bestimmt, was Tugend ist. Keineswegs will Aristoteles durch den Gebrauch dieses Begriffs eine bestimmte Anzahl idealer Beschaffenheiten für den Menschen festlegen, denen er immer und ewig zu entsprechen hätte. Die charakteristische Offenheit und dennoch typologische Bestimmtheit des menschlichen Guts wiederholt sich fast ebenso in der Definition der Tugend, die Aristoteles gibt:

> „Tugend ist ein Habitus bei der Entscheidung von Präferenzen *(hexis prohairetikē)*, der in einer Mitte relativ zu uns liegt, die durch Ratio *(logos)* bestimmt ist und so wie sie ein Kluger *(phronimos)* bestimmen würde. Die Mitte aber ist eine zwischen zwei Weisen der Verdorbenheit, von denen eine durch Übermaß und die andere durch Unterschreiten definiert ist; außerdem dadurch, daß bei den Affekten und Handlungen, die einen das Gebotene *(to deon)* unterschreiten, die anderen es überschreiten, während die Tugend das Mittlere herausfindet und wählt." (NE II 6. 1106b36–1107a5)

Vier Momente möchte ich an dieser Definition der Tugend gesondert hervorheben: (1) Flexibilität, (2) Publizität des Rationalen, (3) Habitualisierung und (4) Mittel der Präferenzbildung.

(1) Wir finden hier beide Momente der Bestimmung wieder: die Rationalität (welche ihr Gut vor dem Hintergrund von menschlicher Gemeinschaft bedenkt und ausweist) und die Bindung an den Modellfall von Tugendhaftigkeit – den Klugen. Beide markieren die „Mitte" des Verhaltens, das jemand zu wählen pflegt, und durch die die Tugend definiert ist. Die betreffende Mitte ist eine „relativ auf uns", wie Aristoteles sagt. Das bedeutet sowohl auf uns persönlich, als auch auf uns als Menschen. Nicht für jeden liegt die Mitte der Tugend an derselben Stelle: die Großzügigkeit eines Bergarbeiters und die eines Bankiers sind durchaus verschieden. Und nicht muß das, was überhaupt als menschengemäß gilt, überall und immer das gleiche sein: Gerechtigkeit im Rahmen der griechischen Polis und im modernen Verfassungsstaat bedeuten nicht einfach dasselbe. So ist also ein hohes Maß an Flexibilität in diese Definition der Tugend eingeschrieben.

(2) Die Flexibilität aber wird auf den Einzelfall beziehbar gemacht durch „Ratio" und den Rückgriff auf Vorgaben, die jemand macht, den man für klug hält. Für die aristotelische Ethik ist es von großer Bedeutung, daß jene Ratio oder der *logos,* dem jemand im Handeln folgt, nicht unbedingt eine Leistung des handelnden Individuums selbst sein muß. Vielmehr greifen wir vielfach auf als vernünftig geltende, sozusagen veröffentlichte Rechtfertigungen zurück, oft ohne sie noch ganz nachvollziehen zu können. Und erst durch solche Rückgriffe verbessern wir unter Umständen und im Laufe der Zeit unsere eigene Rationalität, werden selbst »Kluge«. Aus diesem Grund sind Ethik und Politik für Aristoteles von Anfang an ineinander verflochten (vgl. Ritter 1967/1977: bes. 117 ff.). Denn sogar Gesetze und strafbewehrte Normen, die in unseren unterschiedlichen Gemeinwesen gelten, bezeichnet Aristoteles als derlei »*logoi*« oder Stücke einer allgemein gewordenen Rationalität (s. z. B. NE X 10. 1180 a 21 f.), die uns eine gewisse Mitte des Handelns anzeigt und einhalten läßt (vgl. z. B. Salkever 1990: 76 ff.).

(3) Wichtig ist auch, daß die Tugend oder das internalisierte Gut des Menschen als „Habitus" oder „Haltung" *(hexis)* definiert

wird. Nicht, wer nur einmal eine gut zu nennende Handlung durchführt, und auch nicht, wer sich, schwer getreten, gerade noch einer bestimmten Norm des Handelns unterwirft, hat Tugend im aristotelischen Sinne. Vielmehr nur der, dem ein solches Handeln geläufig und zur *Gewohnheit* geworden ist (vgl. NE II 1), ja der sogar *Lust* dabei empfindet, auf diese Weise zu handeln (s. NE I 9. 1099a 17f.), ist tugendhaft. Ein Habitus ist also eine erst *erworbene* Beschaffenheit der Person, die (im Falle der Tugend) durch eine rational zum Guten bestimmte Art des Handelns von jemandem zunächst angenommen und dann zur Gewohnheit geworden ist. Tugend (ebenso wie verdorbenen Charakter) hat man nach Aristoteles nicht von Natur aus, sondern *durch* das entsprechende Handeln (s. z. B. NE III 7. 1114a 7), aber sie besteht dennoch nicht in der Qualität dieses Handelns selbst, sondern in der ihm nachfolgenden Qualität der Person. Soweit also die Übernahme eines solchen Handelns nicht erzwungen und es zudem unter bestimmten rationalen Gesichtspunkten und Erwägungen angenommen wird, ist man für die Tugenden oder Verdorbenheiten, die man besitzt, verantwortlich (NE III 7. 113b 6f.; vgl. dazu Rapp 1995: 127ff.). Das wäre nicht möglich, wenn sie Naturgaben statt erworbene Haltungen oder in keiner Weise rational vermittelt wären.

(4) Betrachtet man die Definition der Tugend in ihrem vollen Umfang, so fallen nur die sogenannten Charaktertugenden oder ethischen Tugenden (von griechisch *ēthos* = Charakter) unter sie. Denn nur sie bestehen im Einhalten einer solchen Mitte zwischen zwei Weisen der Verfehlung richtigen Verhaltens. Aristotelische Beispiele dafür sind u.a. Besonnenheit, Mut, Großzügigkeit und Gerechtigkeit. Doch unterscheidet Aristoteles (NE I 13. 1103a 3ff.) außerdem eine zweite Art von Tugenden, nämlich die spezifisch rationalen oder dianoetischen Tugenden (*dianoia* = Überlegung, Durchdenken). Auch sie sind nach seiner Auffassung erworbene Haltungen der Seele (*hexeis;* s. z. B. NE VI 1. 1138b 32), aber mehr durch Lernen erworben als durch Gewöhnung an die Verhaltensweisen selbst, die eine Mitte einhalten. Wenn man genauer

hinsieht, erkennt man aber, daß beide Arten der Tugend innig zusammenhängen müssen. Denn die Tugend im ersten Sinne ist, wie Aristoteles schreibt, „Habitus bei der Entscheidung von Präferenzen", d.h. bei dem, was wir für gut und schlecht halten – oder vielmehr für besser und schlechter als jeweils gegebene Alternativen des Handelns – und was wir eben deshalb auch tun. Die Wahl einer Präferenz oder die Entscheidungsfindung *(prohairesis)* in Beziehung auf ein von uns verfolgtes Gut aber vollführen wir mit Einsatz unserer rationalen Kompetenzen, die als solche wiederum Tugenden besitzen können, d.h. einen hohen Grad an erworbener Vortrefflichkeit. Diese rationalen Vortrefflichkeiten sind die dianoetischen Tugenden, die je nachdem, wie sehr sie auf unser Handeln gerichtet sind und es beeinflussen, auch wiederum mehr oder weniger *ethische* Tugendqualität besitzen.

Zu den spezifisch rationalen Kompetenzen gehören nach Aristoteles (NE VI 3. 1139b 15–17) die Kunstfertigkeit *(technē)*, Wissenschaft *(epistēmē)* und höchste Weisheit *(sophia)*, aber auch Klugheit *(phronēsis)* und das reine, situationserfassende Denken *(nous)*. Während die ersten drei nur in jeweils speziellen Kontexten die Wahl richtigen Verhaltens mitbestimmen und ihre ganz und gar handlungs*unabhängigen* Vortrefflichkeiten ausbilden, stellen die beiden letzten und vor allem die Klugheit gerade die auf die Praxis selbst gerichtete und unsere Präferenzenauswahl generell beeinflussende praktische Vernünftigkeit dar, die als solche schon eine Tugend im Sinne des für Menschen spezifischen Guts ist:

> „Die Klugheit ist folglich als ein *praktischer Habitus* zu verstehen, der mit wahrheitsfindender Ratio in Fragen des menschlichen Guten verbunden ist." (NE VI 5. 1140b 20f.)

Wenn die Klugheit schon für sich genommen Tugend ist, dann ist sie als solche auch ein Stück dessen, was das menschliche Leben nach Aristoteles zu einem guten Leben *(eupraxia)* werden läßt (vgl.

dazu Buchheim 1999), während man alle anderen dianoetischen Vortrefflichkeiten erst noch *zum* Guten gebrauchen muß, aber auch – aufgrund der Ambivalenz des Rationalen – zum Schlechten verwenden kann.

Die beachtenswerte Zwischenstellung der Klugheit zwischen rationaler Kompetenz und tugendhaftem Charakter (vgl. dazu auch NE VI 13. 1144b 30–32) hat zur Folge, daß nach Aristoteles nicht etwa nur besonders schlaue oder intelligente Menschen »klug« heißen oder hohen sittlichen Ansprüchen gerecht werden können. Denn die Rationalität der Klugheit ist, wie gesehen, insgesamt der Findung und Anerkennung des menschlichen Guten gewidmet, dies aber definierte sich durch Tätigsein gemäß der Tugend überhaupt, nicht speziell einer dianoetischen Tugend. Für Tugend überhaupt aber ist nur notwendig, daß das Handeln an bereits anerkannten Maßstäben der Klugheit orientiert ist, ohne daß man sie sich selber zurechtgelegt oder gleichsam ausgedacht haben müßte. Es besteht also kein Zwang, sich die allgemeine Architektonik der Klugheit selbst (vgl. dazu NE VI 8 1141b 16ff.) oder eine andere dianoetische Tugend zum Ziel der eigenen Tätigkeit zu machen, bevor man in speziellen Kontexten tugenderfordernden Handelns klug handelt. Die Anerkennung gewisser Maßstäbe der Klugheit im einzelnen Handeln setzt jedoch allenfalls ein Minimum an Intelligenz voraus.

Das Problem der Klugheit ist nicht im Grad der Intelligenz als vielmehr in der *Konvergenz von Einsicht und Streben* zu suchen, d.h. darin, daß jemand das Gut, das ihm einsichtig ist, auch wirklich erstreben muß. Die Konvergenz von Einsicht und Streben herzustellen, ist nach Aristoteles Aufgabe der vorher erwähnten Wahl von Präferenzen *(prohairesis)*, die eben durch die Tugend der Klugheit angeleitet sein sollte. Sie „berät" *(bouleuesthai)* die Auswahl, sagt Aristoteles (vgl. bes. NE III 5), und dann ist das ihr folgende Handeln „wohlberatenes" Handeln (NE VI 8. 1141b 8–12; vgl. VI 10); oder aber jemand schenkt schlechten Ratgebern Gehör – seien es seine eigenen unklugen Überlegungen oder die Ratschläge anderer –, dann ist schlechtberatenes und, auf die Dauer, im Charakter verdorbenes Handeln die Folge.

An der Wurzel gefaßt sind also ethische und dianoetische Tugend des Menschen in der klugen Überlegung eins, wie Aristoteles schreibt:

> „Da die Charaktertugend ein Habitus bei der Entscheidung von Präferenzen ist, die Entscheidungsfindung *(prohairesis)* jedoch ein mit der *Erwägung von Ratschlägen* einhergehendes Streben *(orexis bouleutikē)*, muß aus diesem Grunde die rationale Einsicht wahr *und* das Streben richtig sein, soll die Entscheidung tugendhaft sein, und dasselbe muß es sein, was die eine behauptet und das andere erstrebt. Dies also ist das praktische Denken und die praktische Wahrheit, während für das theoretische Denken, das weder praktisch noch hervorbringend ist, gut und schlecht [nur] im Wahren und Falschen bestehen." (NE VI 2. 1139a 22–28)

Dem Problem der Konvergenz oder aber Divergenz von Einsicht und Streben im Menschen (*engkrateia* [Beherrschtheit durch Einsicht] versus *akrasia* [Willensschwäche]) hat Aristoteles noch viel Aufmerksamkeit in der ‚Nikomachischen Ethik' gewidmet (vgl. VII, 1–11). Dies kann hier jedoch nicht weiter verfolgt werden (vgl. dazu Höffe 1996: 203 ff.).

2.2 Das »fremde Gut« der Gerechtigkeit und der Zusammenhang von Ethik und Politik

Statt dessen ist nun die berühmteste der ethischen Tugenden bei Aristoteles wenigstens kurz darzustellen – die Gerechtigkeit (behandelt im V. Buch der NE; vgl. dazu Bien 1995). Sie ist nach Aristoteles die Krone der Tugend oder „vollendete Tugend" (NE V 3. 1129b 25 ff.), weil ihre Vortrefflichkeit nicht nur und nicht einmal in erster Linie dem so Handelnden zugute kommt, sondern den anderen Menschen, in Beziehung auf die die Handlung erfolgt. „Sie scheint deshalb auch ein fremdes Gut zu sein" (NE VI 3. 1130a 3f.) – nicht nur ein eigenes für den, der ihren Habitus erworben hat. Gerechtigkeit ist die *soziale* und damit im aristotelischen Sinn *politische* Bürgertugend par excellence.

Aristoteles unterscheidet zwei Sinne von Gerechtigkeit, die sich nach seiner Analyse hinter demselben Wort verbergen. Erstens die universale Gerechtigkeit (NE V 2–3), die so heißt, weil sie eigentlich ein Inbegriff *aller* Tugenden ist, insofern sie zum Wohle anderer eingesetzt werden. Zweitens die partikulare Gerechtigkeit, die eine besondere im Kreis der Tugenden ist und eine eigene Mitte kennt, die sie einzuhalten pflegt.

Die Verletzung der *universalen Gerechtigkeit* besteht in der Übertretung von Sitten und Gesetzen des Gemeinwesens, zu dem man gehört. Da solche Sitten und Gesetze nach Aristoteles immer bestimmte, als untugendhaft geltende Handlungen verbieten und tugendhafte gebieten, umfaßt diese Form der Gerechtigkeit in Wirklichkeit „die ganze Tugend" (z. B. NE V 3. 1130a 9ff.; 5. 1130b 7) eines Menschen und bezeichnet nur die Weise ihres Gebrauchs zum Vorteil der anderen. Wir würden sie heute vielleicht als die althergebrachte »Rechtschaffenheit« bezeichnen. Allerdings vermerkt schon Aristoteles mit Recht, daß Gerechtigkeit in diesem Sinn ebenso leicht nur den Nutzen der jeweils Herrschenden maximieren und nicht unbedingt dem Gemeinwohl zugute kommen kann (NE V 3. 1129b 14ff.; 1130a 4f.; vgl. 5. 1130b 28f.), so daß sie in ihrer Bindung an geltende Sitten und Gesetze als durchaus pervertierbar erscheint.

Die *partikulare Gerechtigkeit* (NE V 4ff.) ist demgegenüber selbst ein spezifischer Teil der Tugend neben den übrigen. Aristoteles ist der erste, der ihre Leistung klar definiert und von der Gerechtigkeit im anderen Sinn abgegrenzt zu haben scheint. Sie besteht in der Herstellung und Wahrung des *Gleichen* zwischen den Ansprüchen der Mitglieder eines Gemeinwesens. Ihre Verletzung ist dementsprechend nicht nur eine Übertretung von einschlägigen Sitten und Gesetzen, sondern beruht auch speziell in einer Neigung zur Übervorteilung anderer oder zur Durchsetzung einer Ungleichheit zu eigenen Gunsten (NE V 2. 1029a 32ff.; 3. 1130a 24ff.). Als besonderer Habitus kennt sie auch eine besondere Art von Mitte, auf die die von ihr geprägten Handlungen gerichtet sind (NE V 9. 1133b 32ff.). Es ist die Mitte zwischen den legitimen Ansprüchen auf (vor allem äußere) Güter, nach denen man selbst und alle anderen streben. Je nachdem, wie diese Mitte näher bestimmt wird, unterscheidet Aristoteles wieder mehrere Unterarten der partikularen Gerechtigkeit (NE V 5. 1130b 30ff.). Die erste ist die *distributive* oder verteilende Gerechtigkeit, die vor allem bei Ansprüchen der Bürger an das Gemeinwesen eine Rolle spielt; eine zweite ist die „wiedergutmachende" oder *ausgleichende* Gerechtigkeit (auch kommutative Gerechtigkeit genannt), welche insbesondere den Verkehr der Bürger untereinander regelt.

Die distributive Gerechtigkeit (NE V 6–7) orientiert sich am geometrischen Mittel, d.h., sie verteilt eine Gesamtmenge von zur Verfügung stehenden Gütern *proportional* nach Höhe der „Würdigkeit" (NE V 6. 1131a 24ff.) von Ansprüchen. Da die Würdigkeit von Staatsform zu Staatsform unterschiedlich definiert wird, ist auch diese Gerechtigkeit, soweit sie im politischen Rahmen Anwendung findet, relativ auf bestimmte Staatsinteressen.

Die ausgleichende Gerechtigkeit (NE V 7) orientiert sich demgegenüber am arithmetischen Mittel, d.h., sie weist Güter *nach der Anzahl* der bestehenden Ansprüche zu oder gleicht Ungleichgewichte z.B. durch Rechtsprechung zu dieser Mitte hin aus.

Im Austausch von Leistungen und Waren, also dem Markt- und Wirtschaftshandeln, verbinden sich schließlich beide Arten der Mittel-Bildung (NE V 8). Aristoteles betont nachdrücklich, daß ohne diesen Austausch ein Gemeinwesen keinen Bestand hätte (NE V 8. 1133b 6ff.; 17). Der gemeinte Austausch besteht nach Aristoteles nicht etwa nur im jeweiligen Vergelten und Zurückgeben des Gleichen; denn in diesem Fall hätte jeder schon alles, und es käme zu keinem gemeinschaftlichen Verkehr. Vielmehr wird im Austausch Verschiedenes gegeben und genommen, und nur dadurch ist ein Gemeinwesen möglich. Dies setzt jedoch voraus, daß alles so Ausgetauschte in bezug auf seinen Wert vergleichbar ist und also verhältnismäßig auf einer gemeinsamen Wertskala eingetragen werden kann (dies ist gewissermaßen der Aspekt des geometrischen Mittels), damit dann zweitens Gleichwertiges erstattet werden kann (womit der Aspekt des arithmetischen Mittels ins Spiel kommt). Die gemeinsame Skala der Werte ist nach Aristoteles das *Geld* als Maß nicht des Wertes der Dinge an sich, sondern ihres Wertes im Austausch und für uns (zur Frage der ökonomischen Wertbestimmung i. E. vgl. Meikle 1997: 6–42). Der Wert des Geldes aber muß wiederum insgesamt gewahrt bleiben durch Übereinkunft, also durch bloße Setzung – woher nach Aristoteles der Name des Geldes: *nomisma* (»Gegenstand einer Setzung«) stamme.

Das Geld ist auf die geschilderte Weise sozusagen ein legitimes Kind der Gerechtigkeit, was dem Sinn des Aristoteles für sittliche Realitäten erneut deutlichen Ausdruck verleiht. Es repräsentiert die unterschiedlichen, jedoch vergleichbaren Bedürfnisse der Menschen und ist Garant für die Möglichkeit ihrer Erfüllung, weshalb es nach Aristoteteles eigentlich das Bedürfnis ist, das den für ein Gemeinwesen unentbehrlichen Austausch und damit letztlich dieses selbst hervorbringt und unterhält.

Der Begriff der Gerechtigkeit ist nur eines von vielen Beispielen für den engen Zusammenhang von Ethik und Politik, wie er für Aristoteles gegeben ist. Ethisches Handeln kann es, wie gesehen, nur geben im Anhalt an gemeinsame Institutionen und Richtpunkte für die Beurteilung des Guten und Schlechten. Je satzungsförmiger und allgemeiner diese werden und je weiter sie sich von den Gruppen und Personenkreisen, denen man primär angehört, entfernen, um so »politischer« werden sie auch. Aristoteles sieht in gewisser Weise ein Kontinuum zwischen sozialen Gruppen, allen Arten von Gemeinschaften und dem politischen Verband, der sich auf der Basis ihrer Interaktion (vgl. z.B. PL VII 3. 1325b 26f.)

durch das auf seine Einheit und Ordnung gerichtete Herrschafts- und Entscheidungshandeln der Bürger *(politai)* ergibt (PL III 1. 1274b 38–41; 1275a 22f.; b 17–21). Eine ausdrücklich legitimierte Konstitution politischer Einheit durch Verfassungsgebung und entsprechende politische Akte ist ihm unbekannt. Umgekehrt ergibt sich aus diesem Konzept, daß die Hauptaufgabe der *polis* neben der Gewährleistung von wirtschaftlicher und lebenspraktischer Autarkie der Gemeinschaft eigentlich darin besteht, seine Angehörigen »gut«, d.h. tugendhaft zu machen (vgl. z.B. EN II 1. 1103b 2–6; I 1 1094a 26ff.), ihnen das „gute Leben" zu ermöglichen:

> „Aus mehreren dörflichen Verbänden ergibt sich als vollendete Gemeinschaft die *polis,* die sozusagen die Grenze aller Autarkie innehat und folglich zwar entsteht um des bloßen Lebens willen, aber fortbesteht für das *gute* Leben. Deshalb existiert jeder politische Verband kraft Natur, wie ja auch schon die Primärgemeinschaften. Denn er ist das Ziel von jenen, aber die Natur ist Ziel." (PL I 2. 1252b 27–32)

Der politische Verband liegt genau auf der *Grenze* zwischen dem Zusammenschluß der Menschen, um für die Beschaffung der Notwendigkeiten des Lebens autark zu sein, und ihrem freiwilligen Zusammenleben, um in diesem Bezug aufeinander das menschliche Gut zu verwirklichen. Letzteres ist das *Ziel* der fortschreitenden Vergemeinschaftung, von der Familie beginnend über hordenhafte und dörfliche Gemeinschaften bis hin zum politischen Verbund in der *polis;* aber das Ziel ist – wie bei Aristoteles immer – nicht ein Moment des Prozesses selbst, sondern die durch ihn erreichte *Form,* in welcher neue Bestimmungen relevant und wirklich sind. Diese neuen Bestimmungen sind »das Politische« im engeren Sinn, nämlich das nicht mehr auf Notwendigkeit beruhende Zusammenhandeln von „Freien" für eine möglichst weitgehende Verwirklichung des menschlichen Guten, wie es oben näher charakterisiert wurde (vgl. dazu Arendt 1981: bes. 27–38).

Die Form des Politischen bei Aristoteles ist das Zusammenhandeln freier Bürger im Interesse eines guten, d. h. an rational vermittelter Tugend orientierten Lebens für alle. Dies ist eine im Kern *republikanische* Idee politischer Ordnung. Aristoteles plädiert weder für eine allgemeine Demokratie noch für die Monarchie oder Aristokratie, sondern für eine gemeinsame und alternierende Herrschaftsausübung der *Berechtigten* oder eben der *freien Bürger*. Wer allerdings dazu zu zählen ist und wer nicht, darüber hat Aristoteles sehr viel eingeschränktere Auffassungen als wir heute. Immerhin ist für Aristoteles (im Gegensatz zu Platon) die Einsicht elementar, daß die politische Gemeinschaft als eine *Vielheit* bestehen muß und durch zu starke Vereinheitlichung zerstört wird. Aristoteles ist, wenn man so will, ein strikter politischer Pluralist gewesen:

> „Es ist offenkundig, daß eine Polis, wenn sie fortschreitend immer mehr *eine* wird, gar nicht mehr eine Polis sein wird: Denn eine Mehrzahl ist die Polis ihrer Natur nach, und so wird sie, indem sie mehr *eine* wird, ein Haushalt *(oikos)* aus einer Polis und schließlich aus einem Haushalt ein Mensch. Denn ein Haushalt ist wohl mehr eins als eine Polis und der Einzelmensch mehr als der Haushalt. So daß dies, selbst wenn man fähig wäre, es zu tun, zu unterlassen wäre, weil es die Polis aufhebt." (PL II 1 1261 a 16–22)

Die Einheitlichkeit ist kein Maß für den guten Zustand eines Gemeinwesens, sondern vielmehr die Freiheit der Beteiligung an der gemeinsamen Verwirklichung höherer Autarkie und gesteigerter Lebensgüte:

> „Es ist […] klar, daß es nicht zum Besseren führt, besondere Einheitlichkeit für eine Polis zu erstreben. Denn ein Haushalt *(oikia)* ist autarker als der Einzelmensch, aber die Polis ist autarker als der Haushalt. Und es möchte gewiß schon dann eine Polis existieren, wenn die Gemeinschaft einer Vielzahl eben

> autark ist. Wenn nun das Autarkere größeren Vorzug besitzt, dann hat auch das weniger Eine gegenüber dem mehr Einen den Vorzug." (PL II 2. 1261 b 10–15)

Die Menschen partizipieren in ihrer politisch gestalteten Gemeinschaft an *mehr* Autarkie, d. h. an mehr Gottähnlichkeit und überhaupt an gesteigerter Güte der Existenz – dem guten Leben durch *aretē* – als für sich allein, d. h. als durch die Organisations- und Bedürfnisverhältnisse ihrer bloß natürlichen Existenz. Die Politik ist eine Methode, die Lebensgüter, die Menschen einbringen, sozusagen zu addieren und so in ihrer Summe für alle zur Verfügung zu stellen:

> „Die Vielen, von denen jeder kein hervorragender Mensch ist, sind, indem sie zusammenkommen, besser als dieser – nicht jeder einzeln, sondern alle zusammen, wie die Beitragsessen besser sind als die, die von nur einem Einladenden ausgerichtet werden. Denn weil es viele sind, hat jeder einen Teil der Vortrefflichkeit und Klugheit, und in der Zusammenkunft wird die Vielzahl wie ein Mensch mit vielen Füßen, vielen Händen und vielen Wahrnehmungen. Genauso in puncto der ethischen Charaktere und dem Denkvermögen. Deswegen beurteilen auch viele die musikalischen und poetischen Werke besser; je andere nämlich einen anderen Teil, alles aber alle zusammen." (PL III 10. 1281 a 42–b 15)

Nur Gott ist für sich allein autark und d. h. absolut frei; die Menschen sind es nur kraft bestimmter Formen des Zusammenlebens und Aufeinanderbezogenseins in ihrem Handeln. Daß der Mensch gar nicht für sich allein frei ist, sondern, wenn überhaupt, nur im Verbund mit anderen, ist eine wichtige politische Einsicht des Aristoteles gewesen, die später fast verlorengegangen ist, aber durchaus stärkere aktuelle Aufmerksamkeit verdient (vgl. dazu Höffe 1971: 48 ff.).

3. Nach Regeln der Kunst: ‚Poetik' und ‚Rhetorik'

Auch an den beiden Beispielen hervorbringender Kunst beobachten wir den eigentümlichen Zwischenstatus der aristotelischen Wissenschaften vom menschlichen Tun, nämlich teils analysierende Theorien dieses Tuns zu sein, teils aber auf seine eigene Ausübung sowie deren Normierung und Verbesserung zu zielen. Die beiden Kunstschriften sind nicht allein, vielleicht nicht einmal in erster Linie Anleitungen zur Hervorbringung bestimmter Produkte, sondern stellen zunächst *Betrachtungen* an über gewisse Hervorbringungen, die für Menschen typisch und wesentlich sind. Im Fall der Rhetorik ist es die Hervorbringung des „Überzeugungwirkenden" oder „Plausiblen" *(pithanon)* durch Rede (R I 2. 1355b 26f.), in der Poetik die einer „Darstellung" oder „Nachahmung" *(mimēsis)* von Handlung durch Rede und manchmal zusätzlich durch Rhythmus und Melodie (PO 1. 1447a 13ff.; 28ff.).

Beides sind höchst eigenartige und nachdenkenswerte Leistungen des Menschen. Durch das Plausible übertragen wir Gedanken, Affekte, Erwägungen über Gut und Schlecht von Person zu Person, teilen unser eigenes Seelenleben im wahrsten Sinne des Worts auch anderen Menschen mit (vgl. z.B. R I 2. 1356a 1ff.; III 6. 1408a 23f.) und stellen so *gemeinsame* Auffassungen oder Urteile (*kriseis* s. z.B. R II 1. 1377b 21ff.) und dadurch wiederum *gemeinsame Lebenslagen* her. Die Rhetorik ist deshalb laut Aristoteles ein dienender Zweig der Politik (R I 2. 1356a 25–27; NE I 1 1094a 27ff.) und neben Ökonomie und Heeresführung eines der wirksamsten Mittel, um das Ziel der Politik – ein möglichst gutes Leben für alle – realisieren zu können.

Durch die mimetische Darstellung von Handlung hingegen distanzieren wir uns von uns selbst, versetzen uns in die Rolle eines Betrachters unserer eigenen Art und Weise zu sein und erkennen uns darin wieder – was uns, wie Aristoteles versichert, merkwürdigerweise auch in seinen üblen Gestalten und den Formen dargestellten Leids Genuß bereitet (PO 4. 1448b 5ff.).

Auf den genannten Genuß oder die Lust *(hēdonē)* des Wiedererkennens hat es die Dichtung, haben es Aristoteles zufolge insbesondere Tragödie und Epos abgesehen. Der Kunstgenuß kommt jedoch nur unter zwei konträren Bedingungen zustande: Wenn nämlich einerseits die Identifikation des Zuschauers mit der gezeigten Handlung groß genug sein kann, um solidarisch mit den Akteuren „ängstliches Schaudern" *(phobos)* und „jammervolles Erbarmen" *(eleos)* oder – wie Lessing sie fast kanonisch (bis zu Schadewaldts Kritik 1955) übersetzt hat – „Furcht und Mitleid" zu empfinden:

> „Nicht jeden Genuß an einer Tragödie darf man forcieren, sondern den ihr einheimischen. Da aber der Dichter den Genuß aus Erbarmen und Schaudern durch *Nachahmung* bereiten soll, muß er dies in die *Handlungselemente (pragmata)* einarbeiten [also nicht bloß in z.B. blutrünstige oder sentimentale Anblicke]." (PO 14. 1453b 10–14)

Die zweite, dazu konträre Bedingung besteht indessen darin, daß die gezeigte Handlung trotzdem *unvertraut* genug und gegen die gewöhnliche Erwartung *(para doxan)* verläuft, um überhaupt solche starken Affekte zu provozieren:

> „Es geht ja nicht nur um Darstellung einer in sich vollendeten Handlung, sondern insbesondere um schaudernmachende und erbarmungswürdige Geschehnisse; sie aber stellen sich besonders durch *die Konsequenz auseinander* ein und noch viel eher, wenn sie *gegen die übliche Erwartung* verlaufen. Denn so wird die Verwunderung größer sein." (PO 9. 1452a 1–5)

Angesichts der beiden geschilderten Bedingungen wird klar, daß der Begriff „*mimēsis* einer Handlung", der nach Aristoteles alle

Dichtung definiert, nicht so sehr die Nachahmung eines schon vorhandenen Vorbilds meinen kann, als vielmehr ein Konstruieren oder eben *Darstellen* einer Handlung, die eigentlich keine ist, aber sich – unter Beachtung des „Möglichen“ (s. PO 9. 1451b 15ff.) – zusammensetzt aus den *typischen* Elementen menschlichen Handelns überhaupt. *Mimēsis* bedeutet: *nur so tun, als ob gehandelt würde*, damit man den *Genuß ohne die Folgen* des wirklichen Handelns bekommt. Solche typischen Elemente können im Falle von Tragödie und Epos den überlieferten Mythen entnommen werden (PO 9. 1451b 15ff.); so sind sie einerseits vertraut genug, enthalten aber andererseits exemplarische und edlere Charaktere als das gewöhnliche Leben. Bei der Komödie geht es ohnehin um gemeinere Charaktere und geläufigere Handlungstypen, die aber ebenfalls „in wahrscheinlicher Weise“ miteinander verknüpft werden müssen (PO 9. 1451b 11ff.), damit eine Identifikation möglich ist.

Zwar haben, weil die Dichtung generell Handlungen darstellt und Handlungen im Verhältnis zum menschlichen Gut oder Übel erfolgen, die dargestellten Charaktere immer *ethische* Qualität (vgl. insbes. PO Kap. 2), jedoch ist Dichtung darum nach Aristoteles nicht eine moralische Besserungsanstalt oder ein Instrument der Ethik (wie viel eher die Rhetorik), sondern bezweckt nur den geschilderten, künstlich vermittelten Erkenntnisgenuß an unserer eigenen Art und Weise des Daseins, eben der Menschenart. Genausowenig ist sie nach Aristoteles eine Bedrohung für die Moral der Bürger, wie Platon dachte (vgl. ‚Politeia‘ 598ff.), sondern sie ist *Kunst* im reinen und emphatischen Sinne dieses Worts (vgl. dazu Goethe 1827/1977: 712).

Aristoteles unterscheidet mehrere Gattungen der Dichtung: Epos, Tragödie, Komödie sowie Chorlyrik und elegische Dichtung. Im Text der ‚Poetik‘, so weit er auf uns gekommen ist, werden jedoch nur Tragödie (Kap. 6–22) und Epos (Kap. 23–26) behandelt nebst einigen Seitenblicken auf die Komödie. Man nimmt an, daß ein eigener Teil über die Komödie verlorengegangen ist (vgl. dazu

Umberto Ecos Kriminalroman ‚Der Name der Rose'). Wegen der für Aristoteles gegebenen Nähe zwischen Epos und Tragödie treffen viele von seinen Äußerungen über die Tragödie etwas modifiziert auch auf das Epos zu, wie er selbst zwischendurch des öfteren klarmacht.

Es gibt nicht viel im Œuvre des Aristoteles, was so prominent ist und bis heute so viel umstrittene Anziehungskraft besitzt, wie seine Definition der Tragödie:

> „Die Tragödie ist Darstellung einer edlen und in sich vollendeten Handlung von bestimmter Ausdehnung, die mit anziehend gestalteter Rede – von jeweils besonderer Form in ihren Teilen – und, indem Handelnde auftreten (nicht im Wege des Berichts), *durch Erbarmen und Schaudern die Reinigung (katharsis) von derartigen Affekten vollbringt.*" (PO 6. 1449b 24–28)

„Edel" *(spoudaios)* oder auf sittlich hochstehende Ziele gerichtet ist die Handlung der Tragödie im Unterschied zu der der Komödie, die gemeinere und niedrigere Charaktere und Handlungsstoffe verarbeitet. Was eine „in sich vollendete" Gestalt der Handlung, die mit ihr verbundene Gedankenführung und die ihr zugrundegelegten Charaktere näher betrachtet erfordern, legt Aristoteles im 7.–19. Kapitel dar. Unter „anziehend gestalteter Rede" versteht er die Ausstattung mit Versmaß, Rhythmus und Melodie (PO 6. 1449b 28–31), die im anschließenden Text allerdings gar keine Behandlung erfahren, wenn man nicht den sprachlichen Ausdruck hinzurechnen möchte, auf den Aristoteles in den Kapiteln 19–22 kurz zu sprechen kommt. Auf diese Dinge kann hier nicht weiter eingegangen werden, sie sind im übrigen dem aristotelischen Text relativ klar zu entnehmen (vgl. dazu insgesamt Fuhrmann 1992).

Unabschließbar scheint hingegen der Streit über die Bedeutung der *katharsis* zu sein, des eigentlichen Ziels der Tragödie, das Aristoteles in ihrer Definition angibt. Es ist ein Streit nicht nur der Gelehrten, der Literaturwissenschaftler und Aristotelesforscher, sondern selbst unter den Meistern der Kunst und ihrer Theoriebildung zumindest seit der Renaissance über einen Scaliger, Opitz, Lessing, Herder, Goethe bis hin zu Brecht und vielen anderen. Weil Aristoteles auf diesen Begriff später nicht mehr ausdrücklich zurückkommt, ist so gut wie alles fraglich geblieben: ob die *katharsis* sich nur auf die Zuschauer bezieht oder womöglich auf den Fortgang des Werks (wie z.B. Goethe dachte); ob sie eine Läuterung des Bewußtseins durch die genannten Affekte oder nur deren quasimedizinische Austreibung meine; ob überhaupt eine ethische Wirkung mit ihr beabsichtigt wird oder aber eine rein ästhetische oder vielleicht eine Erkenntniswirkung. Die im folgenden dargelegte Auffassung ist nur eine unter vielen möglichen Meinungen und muß daher mit einer guten Portion Skepsis betrachtet werden. (Eine ausgewogene Diskussion verschiedener Deutungen findet sich bei Halliwell 1986: 200 f.; 351 ff.)

Zwar gebraucht Aristoteles im folgenden nicht mehr den Begriff der *katharsis*, wohl aber kehrt er zu dem gemeinten Sachverhalt zurück. Denn nach der oben angeführten Definition ist sie das Ziel oder Werk, das eine Tragödie zu „vollbringen" hat. Von einem solchen „Werk der Tragödie" und den Bedingungen seiner Entstehung aber spricht Aristoteles tatsächlich ab dem 13. Kapitel:

> „Nachfolgend ist darzulegen, von welchen Voraussetzungen aus das Werk der Tragödie sich erfüllen wird. [...] Die Komposition der Handlung darf nicht philanthropisch sein, weil so weder Erbarmen noch ängstliches Schaudern aufkommt. Ersteres nämlich bezieht sich auf den, der unverdient ins Unglück gerät; letzteres gilt einem [mit dem Zuschauer] Vergleichbaren [...] Deshalb muß es jemand sein, der weder in der Tugend und Gerechtigkeit hervorragt noch durch Verdorbenheit und Schlechtigkeit absticht, der aber – obwohl zu denen gehörig, die in großem Ruhm und glücklichen Umständen leben – ins Unglück gerät *durch irgendeine Verfehlung*." (PO 13. 1452 b 28–1453 a 10)

Demnach ist es die mit uns selbst vergleichbare Fehlbarkeit der Figuren, die uns solidarisch mitzittern läßt mit den schrecklichen Entwicklungen der dargestellten Handlung; und es ist der unverdient scheinende, tiefe Fall ins Unglück, der unser Erbarmen wachruft. Das ist der Stoff, aus dem die geforderte *katharsis* möglich ist. Sie ist nämlich, wie es in der Definition hieß, die „Reinigung" oder „Wiederbefreiung" vom Banne der genannten Emotionen. Mit dieser Art von Reinigung tritt dasjenige klar und als unvermeidliche Folge vor Augen, was die Emotionen zuerst – wenn auch noch nicht deutlich zu erkennen – auf den Plan gerufen hatte: die *Verfehlung, die einer Anfälligkeit für das Schlechte entspringt,* welche der Zuschauer auch von sich selbst kennt und die so katastrophale *Konsequenzen* haben kann, wie sie in der Tragödie vor Augen geführt werden (zur Rolle der Verfehlung vgl. Cessi 1987). Je klarer im Verlauf der Tragödie der innere Zusammenhang von Verfehlung und furchtbarem Unglück wird, um so mehr müssen jene Gefühle wieder still werden, die der Unglückliche, der uns vergleichbar ist, zunächst auf sich zog. Denn nur das *unverdiente* Unglück weckt Erbarmen, und nur die *noch nicht gewiß gewordene* Folge macht uns schaudern vor dem weiteren Geschick des Handelnden.

Um solch eine emotional gewirkte Erkenntniskurve auszulösen, muß die tragische Handlung nach Aristoteles ein inneres Pendant zu ihrer kathartischen Wirkung im Zuschauer besitzen, nämlich das Schema von „Knüpfung" *(desis)* und „Lösung" *(lysis):*

> „In jeder Tragödie gibt es einerseits eine Knüpfung, andererseits eine Lösung [...] Unter Knüpfung verstehe ich die Entwicklung des Teiles vom Beginn bis zu dem äußersten Punkt, aus dem der Wechsel ins Glück oder Unglück erfolgt, unter Lösung die vom Anfang des Wechsels bis hin zum Ende." (PO 18. 1455b 24–29)

In der Knüpfung wird jener Bann der Emotionen aufgebaut, der in der Lösung wieder verschwindet und der Erkenntnis des besagten

Zusammenhangs Platz macht. Entscheidend dafür ist, daß „die Lösung der erzählten Geschichte aus ihr selbst heraus erfolgt" (PO 15. 1454a 37f.) und nicht durch äußerliche Übergänge geschaffen wird. Denn nur so werden die Zuschauer, die sich in der Knüpfung des Geschehens mit ihren Affekten engagieren ließen, auch in den Genuß einer „Reinigung von solchen Affekten" kommen, nämlich aus ihrer Einsicht in die innere Konsequenz der Handlung.

Wenn es mit der erklärten Geschehensstruktur einer Tragödie, die tatsächlich ihr Werk vollbringt, seine Richtigkeit hat, dann ist klar, daß die *katharsis* nicht allein eine Angelegenheit im Zuschauer sein kann, sondern einen Spiegel im Bau der Tragödie selbst besitzt: eben die sich enthüllende *Konsequenz* zwischen Verfehlung und Unglück, deren Erkenntnis die Emotionen stillt (vgl. Kommerell 1940/^{4}1970: 62).

Ferner ist klar, daß nicht bloß eine quasimedizinische Austreibung der Affekte vorliegt, auch wenn *katharsis* in der Tat nicht »Läuterung« im Sinne einer Besserung, sondern Entfernung der Affekte, „Wegschaffen, Fortschaffen" (so Düring 1966: 175) bedeutet. Denn entscheidend ist der *Grund* ihrer Ausräumung, der dank ihres kunstvoll konstruierten Verlaufs darin liegt, daß die Konsequenz zwischen Leid und Verfehlung bewußt wird.

Schließlich glaube ich zwar nicht, daß Aristoteles die Wirkung einer Tragödie auf den rein-ästhetischen Genuß beschränkt sieht, aber auch nicht, daß er ihr eine ethische Wirkung zuschreiben möchte. Das letztere nicht, weil, wie in der ‚Nikomachischen Ethik' gesehen, nur das *wirkliche* Handeln nach Aristoteles Folgen für Tugend oder Verdorbenheit eines Menschen zeitigen kann, jedoch die Tragödie, weil sie eben Dichtung ist, *nur so tut, als ob gehandelt würde.* Indessen ist ihre Wirkung auf *Selbsterkenntnis* des Menschen – und sei sie auch nur vorübergehend – auch eine Wirkung, die durch Kunst erzeugt werden kann und auf deren Ursprung in der *mimēsis* Aristoteles von Anfang an hingewiesen hatte.

3.2 ‚*Rhetorik*': *Elemente des Plausiblen und die drei Gattungen der Rede*

In der ‚Rhetorik', deren Aufgabe, wie schon gesagt, zunächst Analyse und Sichtung, ferner (und auf dieser Basis) die geregelte Erzeugung des *Plausiblen* ist, gliedert Aristoteles systematisch die Umstände, unter denen es sich herstellen läßt, und behandelt sämtliche Mittel und Wege, die dafür erfolgversprechend und legitimerweise anzuwenden sind.

> „Rhetorik sei definiert als die Fähigkeit, zu jeder Sache das möglicherweise Plausible ins Auge zu fassen; denn dies leistet keine andere Kunstfertigkeit. Jede andere hat zwar zu ihrem speziellen Gegenstand die belehrende und prüfende Kompetenz [...], aber die Rhetorik scheint sozusagen zu jeder Frage, die sich stellt, das Plausible zu betrachten. Deshalb sagen wir auch, daß sie keine technische Zuständigkeit für ein bestimmtes abgegrenztes Sachgebiet besitzt." (R I 2. 1355b 26–35)

Weil Plausibles immer *für jemanden* plausibel sein muß (R I 2. 1356b 26ff.), sind in einer Rhetorik sowohl die Bedingungen für die Plausibilität des *Inhalts von Reden* zu untersuchen als auch diejenigen, die in der *Verfassung des Zuhörenden* und Redenden liegen (vgl. auch R II 1. 1377b 22ff.).

Die primäre und wichtigste Bedingung auf der Seite des Inhalts lautet, daß rhetorische Kunst sich um Plausibilisierung dessen bemühen muß, „worüber wir mit uns *zu Rate gehen, ohne Wissenschaften* davon zu besitzen" (R I 2. 1357a 1f.), also über den künftigen Fortgang unserer praktischen Angelegenheiten, das Gute und Schlechte, Gerechte und Ungerechte, Lob und Tadel etc. Denn nur solches, *was sich auch anders verhalten kann*, braucht eingängige Argumentionen von der Art des Plausiblen oder Glaubenheischenden, um so zu einer von mehreren möglichen Ansichten darüber zu gelangen.

Auf seiten des Hörers von Reden sind nach Aristoteles zunächst mehrere Grundsituationen zu unterscheiden, in denen Plausibilität oder Glaubwürdigkeit herzustellen ist, je nach der Rolle, die der Hörer dabei einnimmt. Es macht nämlich einen Unterschied, ob er als „Richter" *(kritēs)* fungiert, und ferner, ob er über vergangene Taten oder künftig mögliche Vorhaben ein Urteil zu fällen hat; oder drittens, ob er als zensierender „Betrachter" *(theōros)* das Vorgetragene billigt oder mißbilligt. Nach diesen Hörer-Rollen unterteilt Aristoteles die Rhetorik in drei Gattungen (s. R I 3. 1358b 2 ff.), nämlich in die beratende oder politische Rede *(genos symbouleutikon)*, die Gerichtsrede *(genos dikanikon)* und die Prunkrede *(genos epideiktikon)*.

Alle drei Gattungen der Rede, wie überhaupt die Rhetorik als eine kultivierte Weise des Redens nach Regeln der Kunst, werden schon vor Aristoteles und spätestens seit der Sophistik (vgl. etwa Gorgias von Leontinoi) auf ähnliche Weise unterschieden und öffentlich gepflegt; wenn auch nie zuvor und kaum je danach ihre Bedingungen und Regeln so systematisch erforscht und aufgeschlüsselt wurden. Obwohl uns heute der Sinn für rhetorische Kunst weitgehend abhanden gekommen ist, sind doch die *Orte,* an denen sie wesentlich zum Einsatz kommen könnte, nach wie vor auch in unserem Leben bedeutend. Die Politik in all ihren Erscheinungsformen bedarf der Rhetorik; ebenso die ausgedehnte Beratungspraxis von der Wirtschaft bis zur Lebenshilfe der verschiedensten Couleur. Religion und Kunst, Ethik und Wertüberzeugung werden ohne sie weitgehend zur Privatsache und bleiben so dem außer Konkurrenz stehenden subjektiven Geschmack anheimgestellt (immerhin ist die Predigt als Element des Gottesdiensts ein Erbe des epideiktischen Genus der Rhetorik). Allein in der Gerichtspraxis behauptet die nach Regeln der Kunst geformte Rede noch einen offiziellen Platz, mehr natürlich im anglo-amerikanischen Geschworenengericht als hierzulande, wo dem Plädoyer keine so herausragende Bedeutung zukommt.

Die *beratende Rede* zielt auf Herausstellung des Nützlichen oder

Schädlichen an vorgenommenen oder perspektivisch ins Auge gefaßten Projekten unseres Handelns. Aristoteles nennt ausdrücklich die politischen Handlungsbereiche Finanzen, Krieg und Frieden, Sicherheitspolitik, Handel und Gesetzgebung. Die *Gerichtsrede* hat selbstverständlich die Aufgabe, vor Gericht eine Beurteilung des Gerechten und Ungerechten an begangenen Taten vorzubereiten.

Der Ausdruck »*Prunkrede*« für das epideiktische Genus der Rede hat sich zwar eingebürgert, trifft aber eigentlich gar nicht das, was Aristoteles dabei im Sinn hat. Reden dieser Gattung sollen eine bestimmte *wertende* Einstellung zu einem Gegenstand als richtig und geboten »aufzeigen« *(epideiknynai);* also insbesondere, wie Aristoteles sagt, die Tugend oder Verdorbenheit von Charakteren und Handlungsweisen (wie z. B. die von Gefallenen im Krieg), ferner das Häßliche oder Schöne, Ehrenvolle oder Unehrenhafte an Taten und Produkten des öffentlichen Interesses usw. Ihr Ziel ist immer, eine *gemeinsame Wertung* von bestimmten Sachverhalten herbeizuführen, und es ist nicht unwichtig, in gewissen Bereichen zu solchen gemeinsamen, öffentlichen Wertauffassungen zu gelangen.

Aristoteles behandelt diese drei und die für ihre effektive Ausübung nötigen Kenntnisse und Unterscheidungen im I. Buch der ‚Rhetorik'. Besonders wichtig ist es ihm zu betonen, daß solche einschlägigen Kenntnisse und ihre rednerische Aufbereitung *nicht zu wissenschaftlichem Format* geführt werden dürfen, sondern das widerspiegeln sollen, was man heute vielleicht als »gut informiert« bezeichnen würde.

> „Je mehr man Dialektik und Rhetorik nicht als allgemeine Fähigkeiten, sondern als Wissenschaften aufzubauen sucht, um so mehr wird man ihre Natur verfälschen und einbüßen, indem man sie zu Wissenschaften von den zugrundeliegenden *Sachen* und nicht nur der *Reden* darüber macht." (R I 4. 1359b 12–16)

Denn die Rhetorik hat überall Plausibilitäten zu erzeugen, aber wissenschaftliches Wissen ist den Leuten oftmals nicht plausibel und zudem auf die Wahrheit der Gegenstände, nicht auf die Qualität unserer Überzeugungen gerichtet. Das ist bei Aristoteles wahrhaftig nicht Ausdruck von Mißtrauen oder gar Feindseligkeit gegenüber den Wissenschaften, sondern nur seiner praktischen Vernünftigkeit, Wissenschaft und Expertise nicht zum unmittelbaren Maßstab unseres politischen, ethischen und künstlerischen Handelns machen zu wollen.

Die beiden folgenden Bücher wenden sich einer genauen und erstaunlich erschöpfenden Behandlung der Mittel und Wege zu, Plausibilität zu erzeugen und zu stützen oder zu entkräften und zu schwächen. Sie teilen sich in drei Gruppen auf, zum einen die intrinsischen Überzeugungsmittel der Rede selbst, zum andern die der Verfassung des Redners und – dadurch bewirkt – des Hörers.

> „Es gibt drei Arten von Bausteinen des Glaubhaften, die durch Rede verwirklicht werden: Die einen liegen im Tugend-Charakter des Redenden beschlossen, die anderen in der Art und Weise, den Hörer in eine bestimmte Verfassung zu bringen, die dritten in der Rede selbst, durch das Erweisen oder zu erweisen Scheinen.“ (R I 2. 1356a 1–4; vgl. II 1. 1377b 22ff.)

Die an dritter Stelle Genannten, also die Überzeugungsmittel der Rede selbst, zerfallen wiederum in die Mittel der Gedankenführung *(dianoia)*, des sprachlichen Ausdrucks *(lexis)* und der Disposition der Teile *(taxis)*. Die beiden letzten von ihnen behandelt Aristoteles im III. Buch der ‚Rhetorik‘ (Kap. 1–12 den sprachlichen Ausdruck, 13–19 die Disposition). Sie können hier nicht weiter verfolgt werden.

Die Mittel der Gedankenführung hingegen und die, die aus der ausstrahlenden Verfassung des Redners folgen, welche wiederum auf die Verfassung des Hörers einwirkt, sind Gegenstand des II. Buches (Kap. 1–19 die Mittel der Verfassung, 20–26 die der Gedankenführung). Die Darstellung dieser beiden könnte passend als *Logik* bzw. *Psychologie* der Rhetorik bezeichnet werden.

Die Psychologie der Rhetorik muß, wie Aristoteles sagt (R II 1. 1378 a 6 ff.), Klugheit, Charakter und innere Einstellung des Redners im Auge behalten und deren Auswirkung auf die Hörer. Ihr Kernstück ist die erste systematisch ausgeführte *Affektenlehre* in der europäischen Ideengeschichte (Buch II 2–11). Dort werden Wesen, Abarten und Anlässe der starken Emotionen und ihre Wirkung auf andere erklärt, wie z. B. Zorn, Liebe und Haß, Furcht und Schrecken, Erbarmen und Scham, Güte und Entrüstung, Neid und Eifersucht. Die aristotelische Affektenlehre ist eine wahre Fundgrube der Analyse des Allzumenschlichen und noch heute aufschlußreich zu lesen.

Weitere Mittel der Überzeugung durch die Verfassung des Redners sind das angemessene Verhältnis der Rede zu Alter und anscheinendem Charakter des Redenden sowie die passende Einschätzung des Möglichen oder Unmöglichen, Wahrscheinlichen oder Unwahrscheinlichen in bezug auf den in Rede stehenden Gang der Dinge und schließlich die Verkleinerung oder Vergrößerung von Gewicht und Relevanz der jeweiligen Anliegen einer Rede (Buch II, Kap. 12–19).

Das eigentliche Rückgrat aller überzeugenden Wirkung der Rede aber bilden nach Aristoteles die *Überzeugungsmittel der Gedankenführung.* Diese Ansicht ist eine durchaus originelle Auffassung des Aristoteles im Vergleich mit seinen Vorgängern. Während nämlich Platon die »gute« Rhetorik in *Wissenschaft* von der menschlichen Seele und ihrem Wohl und Wehe verwandeln wollte (vgl. dazu etwa den Dialog ‚Phaidros') und während die früheren Rhetoriker, wie Gorgias von Leontinoi, Thrasymachos von Chalkedon, Lysias und auch Isokrates das Wesentliche der rhetorischen Kunst vor allem im Schmuck und in der affektiven Gewalt einer Rede erblickten, möchte Aristoteles dezidiert einen Zwischenweg einschlagen, der weder Platon noch den Sophisten völlig recht gibt: Das Plausible ist weder wissenschaftlich beweisbares Wissen noch nur verführerische Werbung für eine bestimmte Sicht der Dinge, sondern beruht in einer wohlzustrukturierenden *Rationalität der jeweils überzeugenderen Gründe im Bereich menschlicher Interessen* und ihrer öffentlichen Rechtfertigung oder Verurteilung. Man könnte es das Gebiet des »gesunden Menschenverstands« nennen, der seine eigenen Erfordernisse der inneren Stimmigkeit, der Angemessenheit an die Phänomene und der Konsensfähigkeit vertretener Auffassungen hat, die immer wieder und von Frage zu Frage überprüft und miteinander in Einklang gebracht werden müssen. Angesichts solcher rationalen Erfordernisse des gesunden Menschenverstands sollen die Mittel der Gedankenführung einer Rede Durchsetzungskraft geben.

Auch sie sind im wesentlichen drei: (1) die Sentenz *(gnōmē)*, (2) das *Enthymem* oder der rhetorische Schluß und (3) der exemplarische Fall oder das Beispiel *(paradeigma)*. Daß sie zusammen so etwas wie eine *Logik der Rhetorik* ausmachen, ist klar, denn sie stehen alle in gewisser Verbindung mit der syllogistischen Form.

(1) Die Sentenz ist nämlich ein *allgemeiner Satz* und als solcher ein möglicher Teil in Syllogismen, nämlich Prämisse oder Schlußsatz. Allerdings ist nicht schon jeder allgemeine Satz eine rhetorische Sentenz, sondern – gemäß der generellen Zuständigkeit der Rhetorik – nur derjenige, der allgemeine Regeln in Zusammenhang mit dem Vorzüglichen oder Abträglichen in möglichen Handlungen ausspricht (R II 21. 1394a 19ff.). Als Beispiel für eine Sentenz könnte dienen: »Nur ein Sieg ist Zeitpunkt zum Aufhören« oder »Wenn zwei sich streiten, freut sich der Dritte«.

(2) Schon wenn man der Sentenz eine Begründung beigibt oder sie eine solche sichtbar enthält (s. R II 21. 1394b 16ff.) – bei den gegebenen Beispielen etwa: »weil die Kräfte des Gegners sich sonst wieder sammeln« oder im zweiten Fall »denn sie schwächen sich gegenseitig« – liegt ein schlußartiges Gebilde vor, das Aristoteles in der rhetorischen Rede allerdings nicht Syllogismus oder Schluß, sondern *Enthymem* nennt (R II 22. 1395b 20ff., vgl. I 1. 1355a 3ff.; 2.1356b 3ff.). Dieser Ausdruck bezeichnet wörtlich genommen etwas, das »für die Gemüter eindringlich« ist. Im Unterschied zum dialektischen oder wissenschaftlichen Schluß dürfen die Prämis-

sen eines Enthymems weder zu fernab von bereits geteilten Überzeugungen der Hörer liegen, noch sollten alle Teile des Schlusses ausgesprochen werden und er somit formal vollständig sein. Denn das erste „erzeugt Unsicherheit durch weites Ausholen", das zweite „wirkt geschwätzig, weil Offenkundiges gesagt wird" (R II 22. 1395b 22–26), was beides den Eindruck des Plausiblen beeinträchtigen würde. Etwa – wiederum für die obigen Beispiele – die weiter ausformulierten Prämissen, »ein unbesiegter Gegner kann noch gefährlich werden« oder aber »die Schwächung der Konkurrenten steigert in der Relation die Chancen des Dritten«, sagen Selbstverständliches, was jeder normale Hörer einer Rede von sich aus ergänzt. Und wer gar die Prinzipien der Psychologie bemühen wollte, um aus mit Gewißheit wahren Prämissen einen der obigen Schlüsse zu ziehen, der würde die Leute zuerst mit Abseitigem verwirrt haben, bevor er daraus das Naheliegende demonstriert hätte.

Aristoteles unterscheidet in den folgenden Kapiteln mehrere Arten von Enthymemen und verschiedene „Topoi", aus denen sie zu gewinnen sind. Wichtig ist, daß sie meist nur *wahrscheinlich machende* oder, wie Aristoteles einmal sagt, „weichere" (R II 22. 1396b 1) Schlußfolgerungen darstellen, weil auch die Regeln, die in ihre Prämissen eingehen, nur wahrscheinlicherweise oder „zumeist" gelten, so daß auch das Gegenteil nicht ausgeschlossen werden kann. Dies entspricht dem ganzen Gebiet der Rhetorik, das sich nur auf die Dinge bezieht, die sich auch anders verhalten können.

(3) Auch das *Beispiel*, der exemplarisch angeführte oder fingierte Musterfall hat seine logische Basis im Syllogismus, insofern er Ähnlichkeit mit einer Induktion *(epagōgē)* besitzt. Induktion bedeutet »Beiziehung« von und »aufmerksame Hinwendung« zu gegebenen Einzelfällen, um etwas Allgemeines an ihnen zu entdecken oder wiederzuentdecken, d. h., es werden die allgemeinen Regeln oder Prämissen *zu* solchen Fällen erst aufgesucht, nach denen sie sich richten oder aus denen sie gefolgert werden könnten. Doch wird das Beispiel in der Rhetorik nach Aristoteles nicht

so glücklich zur Aufstellung und Begründung einer allgemeinen Regel verwendet als vielmehr zum schlagenden Beleg oder „Zeugen“ für vorher enthymematisch aufgezeigte Zusammenhänge (s. R II 20. 1394a 9ff.). Denn in einer Rede sei nur selten Gelegenheit, wirklich eine tragfähige Induktion durchzuführen. Auch das Beispiel kommt in verschiedenen Arten vor, je nachdem, ob es sich um historische Ereignisse oder fingierte Illustrationen wie Fabeln oder Gleichnisse handelt.

Die oberste Regel bei allen genannten Mitteln der Gedankenführung ist und bleibt neben den Belangen der Richtigkeit (und nicht bloßen Scheinbarkeit) die möglichst frühe Anknüpfung an gemeinsame Ansichten von Hörer und Redner (sog. *endoxa*) und die Klarheit *(saphēneia)* und Mitverfolgbarkeit für die ersteren, da sonst keine Rede ihr Ziel – die Plausibilisierung des zur Entscheidung Stehenden in einer bestimmten Richtung – erreichen kann. Denn zu beachten bleibt immer, daß die Rhetorik kein technisches Wissen über die verhandelten *Sachen* als vielmehr ein durch die Kunstregeln effektiv gemachtes Vermögen ihrer *Zustimmung heischenden Darstellung in einer Rede* ist. Das ruft ein letztes Mal den oft angespielten Grundsatz des aristotelischen Denkens ins Gedächtnis, daß für jeden Bereich des menschlichen Wissens und Könnens methodisch an dasjenige anzuknüpfen ist, was uns zugänglich ist und was in den Fluchtlinien unserer jeweiligen Perspektive früher erkannt wird als anderes, auch wenn dies andere vielleicht erst der vollen Wahrheit über die Dinge ans Licht verhelfen würde. Doch darf man den zweiten Schritt nicht vor dem ersten tun, wenn man im prinzipiell Unvollkommenen – wie der Mensch und seine Erkenntnisfähigkeit es sind – irgendeine Verbesserung erreichen möchte.

Erhaltene Werke des Aristoteles und ausgewählte Textausgaben

(1) Organon

'Topik' (**T**): über korrektes und unkorrektes Schlußfolgern aus dialektischen Annahmen; Absicht, Methode und Instrumente einer allgemeinen Dialektik (darin als IX. Buch die manchmal getrennt aufgeführten 'Sophistischen Widerlegungen' über Trugschlüsse und ihre Entkräftung). *Textausgabe*: Topik. Topik, neuntes Buch oder Über die sophistischen Widerlegungsschlüsse (griechisch-deutsch). Hrsg., übersetzt, mit Einleitung und Anmerkungen versehen von Hans Günter Zekl, Hamburg 1997

'Kategorienschrift' (**K**): die Grundbegriffe der Realitätsbeschreibung. *Textausgabe*: Kategorien. Übersetzt und erläutert von Klaus Oehler, Berlin ²1986

'Über die Aussage': die Semantik der Wörter und Aussagestruktur; Gegensätze und Modalitäten. *Textausgabe*: Peri hermeneias. Übersetzt und erläutert von Hermann Weidemann, Berlin 1994

'Erste Analytiken' (**EA**): Begründung und Aufstellung von *Formen* gültiger Schlüsse aus Begriffen. *Textausgabe*: Erste Analytik. Zweite Analytik (griechisch-deutsch). Hrsg., übersetzt, mit Einleitung und Anmerkungen versehen von Hans Günter Zekl, Hamburg 1998

'Zweite Analytiken' (**ZA**): wissenschaftliche Definitions- und Beweislehre; die Voraussetzungen und Grundstrukturen aller Wissenschaft. *Textausgabe*: Analytica posteriora. Übersetzt und erläutert von Wolfgang Detel, Bd. I–II, Berlin 1993

(2) Theoretische Pragmatien

(a) Allgemeine Grundlagenwissenschaften

'Metaphysik' (**M**): über die Prinzipien des Seienden als solchen, den Substanzbegriff und die erste Ursache aller Wirklichkeit. *Textausgabe*: Metaphysik (in der Übersetzung von Hermann Bonitz), hrsg. von Ursula Wolf, Reinbek bei Hamburg 1994. Bei weitem die **beste deutsche Übersetzung** und zudem erschwinglich.

'Physik' (**P**): über Prinzipien und Charaktere der Bewegung. *Textausgaben:* Physikvorlesung. Übersetzung und Kommentar von Hans Wagner, Berlin 1967. Physik. Vorlesung über die Natur (griechisch-deutsch). Übersetzt, mit einer Einleitung und mit Anmerkungen hrsg. von Hans Günter Zekl, 2 Bde., Hamburg 1987 und 1988

'Über Werden und Vergehen' (**WV**): die materiellen Bedingungen der Entstehung von Substanzen und der Zyklus des Werdens. *Textausgabe*: De Generatione et Corruptione. Translated with Notes by C. J. F. Williams, Oxford 1982

'Über die Seele' (**S**): allgemeiner Begriff und Stufen der Seele als natürliche Formen vollendeter Wirklichkeit. *Textausgabe*: Über die Seele (griechisch-deutsch). Mit Einleitung, Übersetzung (nach W. Theiler) und Kommentar hrsg. von Horst Seidl, Hamburg 1995

(b) Regionalwissenschaften

'Über den Himmel': über Begriff, Bau und ewige Bewegung des Kosmos, das Schwere und Leichte.

'Meteorologie': über atmosphärische Prozesse, den Wasserkreislauf und elementare Verbindungen.

'Allgemeine Tierkunde': Phänomenologie der lebendigen Welt; nur Bücher I–VI und VIII gelten als überwiegend echt; peripatetische Materialsammlung.

'Über die Teile der Tiere': Beschreibung wesentlicher Teile von Organismen und ihre Funktion; darauf basierend die Morphologie der Tierarten. *Textausgabe*: De Partibus Animalium I and De Generatione Animalium I (with passages from II. 1–3). Translated with Notes by David M. Balme. With a Report on Recent Work and an Additional Bibliography by Allan Gotthelf, Oxford 1992

‚Über die Zeugung der Tiere': Arten der Fortpflanzung und aristotelische »Genetik«. *Textausgabe*: s. vorigen Eintrag.

‚Über die Fortbewegung der Tiere': unterschiedliche Arten der Fortbewegung von Tieren. *Textausgabe*: Über die Bewegung der Lebewesen. Über die Fortbewegung der Lebewesen, übers. und erläutert von Jutta Kollesch, Darmstadt 1985

‚Über die Bewegung der Tiere': die seelische Verursachung der tierischen Eigenbewegung und ihre Einbettung in den Zusammenhang des Kosmos. *Textausgabe*: s. vorigen Eintrag.

‚Kleine naturwissenschaftliche Schriften' (Parva naturalia): die Physiologie des lebendigen Körpers; kleine Traktate über Wahrnehmung, Erinnerung, Schlafen und Wachen, Träume, Traumwahrsagerei, Lebensalter, Alterungsprozeß, Leben und Tod und Atmung. *Textausgabe*: Kleine Naturwissenschaftliche Schriften. Übersetzt und hrsg. von Eugen Dönt, Stuttgart 1997

(3) Praktische Pragmatien

‚Große Ethik': sie wurde lange als unecht angesehen, könnte aber auch der früheste Entwurf einer noch ganz auf die verschiedenen Tugenden konzentrierten Ethik des Aristoteles sein.

‚Eudemische Ethik' (**EE**): ein thematisch noch etwas beschränkterer, mittlerer Entwurf zur Ethik, der 3 gleichlautende Bücher mit der NE aufweist.

‚Nikomachische Ethik' (**NE**): über menschliches Glück und Lebensgüter, die Arten der Tugend, sowie Probleme und Modi der richtigen Lebensführung; das relativ späte ethische Hauptwerk des Aristoteles. *Textausgaben:* Nikomachische Ethik. Übersetzt und kommentiert von Franz Dirlmeier, Darmstadt 1974. Nikomachische Ethik (in der Übersetzung von Eugen Rolfes), hrsg. von Günther Bien, Hamburg ^{4}1985

‚Politik' (**PL**): Wesen und Grundbegriffe der politischen Organisation; ihre bestehenden und idealtypischen Alternativen; Skizze einer optimalen Verfassung des Staates. *Textausgabe*: Politik. Übersetzt und hrsg. von Olof Gigon, München 1976

(4) Pragmatien zu hervorbringenden Künsten

‚Poetik' (**PO**): über die Dichtkunst im allgemeinen als *mimēsis* und ihre richtige Durchführung in Tragödie und Epos sowie über Grammatik und metaphorischen Ausdruck. *Textausgaben:* Poetik (griechisch-deutsch). Übersetzt und hrsg. von Manfred Fuhrmann, Stuttgart 1982. The Poetics of Aristotle. Translation and Commentary, Chapel Hill/London 1987

‚Rhetorik' (**R**): die Gattungen der Rede, ihre wahren und scheinbaren Mittel der Überzeugung sowie rhetorische Stilfiguren und wirksame Ausdrucksweisen. *Textausgaben:* Rhetorik. Übersetzt mit einer Bibliographie, Erläuterungen und einem Nachwort versehen von Franz G. Sieveke, München 1980. On Rhetoric. A Theory of Civic Discourse. Newly Translated with Introduction, Notes, and Appendices by George A. Kennedy, Oxford 1991

II. Bruchstücke von Sammlungen und exoterischen Schriften (Auswahl)

Textausgaben: Aristotelis fragmenta selecta (griechisch), rec. W. D. Ross, Oxford 1955. The Works of Aristotle. Translated into English under the Editorship of Sir David Ross, Vol. XII: Selected Fragments, Oxford 1952 (ohne die überlieferten Gedichtfragmente)

(1) Archivarische und doxographische Sammlungen

‚Die Verfassung Athens': einziges erhaltenes Bruchstück einer 158 Beispiele enthaltenden Sammlung der griechischen Staatsverfassungen.

‚Über die pythagoreischen Lehren'

‚Über Demokrit'

(2) Exoterische Schriften

‚Protreptikos': eine Werbeschrift für die Philosophie und theoretische Wissenschaft. *Textausgabe*: Der Protreptikos des Aristoteles (griechisch-deutsch). Einleitung, Text, Übersetzung und Kommentar von Ingemar Düring, Frankfurt a. M. ²1993

‚Über die Ideen': Entkräftung der platonisch-akademischen Argumente für die separate Existenz der Ideen.

‚Über die Nilschwelle': eine Erklärung der allsommerlichen Überschwemmungen durch regelmäßige Regengüsse im Quellgebiet.

‚Über die Königsherrschaft': Sendschreiben an Alexander mit politischen Ratschlägen.

‚Über das Gute': Eine Nachschrift von Platons berühmtem Vortrag zu diesem Thema.

Einige gesicherte Dialogtitel:

‚Über die Philosophie': im Gesamtaufbau offenbar eine ähnliche dreiteilige Aufstiegsbewegung zur Theologie, wie sie die ‚Metaphysik' wissenschaftlich durchführt.

‚Eudemos': über die Seele, insbesondere gegen die Argumente für ihre Trennbarkeit vom Körper.

‚Über die Dichter'

‚Über Gerechtigkeit'

‚Über vornehme Geburt'

‚Sophistes'

‚Politikos'

‚Symposion'

‚Gryllos': zum Thema der Rhetorik.

Literaturhinweise zum Weiterlesen

Einführendes zu Gesamtwerk und Biographie:

Ackrill, John L. 1985: Aristoteles. Eine Einführung in sein Philosophieren, Berlin/New York (engl. Oxford 1981). Relativ anspruchsvolle, aber zuverlässig am Wesentlichen orientierte Einführung in die meistdiskutierten Fragen und hauptsächlichen Verdienste der aristotelischen Philosophie und Wissenschaft; gute Auswahl von zentralen Textpassagen; kaum biographische Angaben, nichts zur ‚Poetik' und ‚Rhetorik'.

Barnes, Jonathan 1992: Aristoteles. Eine Einführung, Stuttgart (engl. Oxford 1982). Skeptisch-sympathisierende, aus souveräner Kenntnis geschriebene Einführung, die insbesondere auf die wissenschaftstheoretische und empirische Seite der aristotelischen Wissenschaften und Naturphilosophie zielt und dazu seltenen Informationsreichtum offeriert; weniger zu den philosophisch zentralen Lehrstücken seiner metaphysischen Theorie.

Düring, Ingemar 1957: Aristotle in the Ancient Biographical Tradition, Göteborg. Versammelt und kommentiert sämtliches Material zur biographischen Überlieferung geordnet nach relevanten Sachverhalten und Namen; ein unentbehrliches Hilfsmittel für Nachforschungen in diesem Feld.

Düring, Ingemar 1966: Aristoteles. Darstellung und Interpretation seines Denkens, Heidelberg. *Das* deutschsprachige Standardwerk zu Aristoteles. Oftmals stark interpretierende Übersetzungen und sehr festlegend auf eine bestimmte Sicht der Dinge, wie z. B. die Zweifelhaftigkeit der ‚Metaphysik' als Werk des Aristoteles.

Flashar, Hellmut 1983: Aristoteles, in: Die Philosophie der Antike Bd. 3 (Grundriß der Geschichte der Philosophie, begr. von Ueberweg), hrsg. von H. Flashar, Basel, S. 175–457. Eine reich und zuverlässig sprudelnde Informationsquelle zu Biographie, sämtlichen Werken und Lehrauffassungen des Aristoteles; bespricht auch die jeweils wichtigsten Deutungsalternativen der Sekundärliteratur; geschrieben von einem mehr philologischen als philosophischen Standpunkt aus mit starken Rückgriffen auf Düring.

Höffe, Otfried 1996: Aristoteles, München. Schildert umfassend und teilweise bis ins Detail die philosophischen Positionen und Theorien des Aristoteles auf sämtlichen Gebieten seines Schaffens und führt in die hauptsächlichen Deutungsalternativen der Forschung ein; fast gar keine Textzitate, sondern nur Verweise; deshalb kann man sich oft nur schwer ein eigenes Bild von der Triftigkeit der dargestellten Positionen machen; recht ausführlich auch zum Nachleben des Aristoteles.

Jaeger, Werner 1923/^{2}1955: Aristoteles. Grundlegung einer Geschichte seiner Entwicklung, Berlin. Eine vom Autor diagnostizierte Entwicklung des aristotelischen Denkens durch drei Lebensphasen hindurch (Akademiezeit – Wanderjahre – Meisterjahre), die durch zunehmende Entfernung vom platonischen Vorbild gekennzeichnet ist, wird abgebildet auf die Werkanalyse und versucht so »Urbestände« vor allem in der Metaphysik, Physik und Ethik von später gefaßten, genuin aristotelischen Grundgedanken zu trennen. Sehr einflußreiches Buch, dessen Thesen heute aber weithin als überholt gelten.

Moraux, Paul 1973: Der Aristotelismus bei den Griechen. Von Andronikos bis Alexander von Aphrodisias, Berlin/New York. Ziemlich erschöpfend für Fragen der Entwicklung der aristotelischen Philosophie und des Peripatos in Hellenismus und Spätantike während der sog. Aristoteles-Renaissance seit dem 1. Jahrhundert v. Chr. Nur für speziell Interessierte geeignet.

Randall, John Herman Jr. 1960: Aristotle, New York. Lohnend vor allem wegen der engagierten und gut geschriebenen Rehabilitierung aristotelischer Naturphilosophie nach ihrer manchmal überkritischen Verwerfung seit Entwicklung der neuzeitlichen Naturwissenschaft. Zeigt sehr gut die enge Verbundenheit von Naturphilosophie, insbesondere Biologie und aristotelischer Metaphysik auf.

Verdenius, Willem J. 1985: The Nature of Aristotle's Scholarly Writings, in: Wiesner (Hrsg.): Aristoteles, Bd. 1, S. 12–21

Wiesner, Jürgen (Hrsg.) 1985 und 1987: Aristoteles. Werk und Wirkung. Paul Moraux gewidmet, 2 Bde., Berlin / New York. Wichtige Sammlung von Aufsätzen zu Spezialfragen der Aristotelesforschung. Der erste Band enthält Beiträge zum gesamten Œuvre, der zweite zur Wirkungsgeschichte des Aristoteles und der aristotelischen Wissenschaft bis ins 20. Jahrhundert hinein.

Analytiken, Logik und Wissenschaftstheorie:

Zur Orientierung über die Gesamtthematik besonders zu empfehlen:

Hager, Fritz-Peter (Hrsg.) 1972: Logik und Erkenntnislehre des Aristoteles, Darmstadt. Gibt anhand älterer, aber wichtiger Beiträge einen Einblick in die verschiedenen Themen und Probleme des aristotelischen Organon, die alle entweder ins Deutsche übersetzt oder ursprünglich deutschsprachig sind. Besonders ist hinzuweisen auf die Aufsätze zu seltener behandelten Fragestellungen von Eric Weil (zur Rolle der ‚Topik'), Wolfgang Wieland (zum apodiktischen Syllogismus) und G. E. L. Owen (über den Begriff der Inhärenz).

Kapp, Ernst 1942 / 1965: Der Ursprung der Logik bei den Griechen, Göttingen (zuerst englisch Columbia UP). Vorzügliche und in mancher Hinsicht bis heute maßgeblich gebliebene Darstellung der Ursprünge aristotelischer Syllogistik aus dem Geist der sokratisch-platonischen Disputation und Klärung des Zusammenspiels ihrer zentralen logischen Begriffe, wie Terminus, Definition, Urteil, deduktiver und induktiver Schluß. Ein besonderer Vorteil liegt darin, daß aus souveräner Kenntnis Bezüge und Abgrenzungen im Verhältnis zum modernen Logikverständnis klargestellt werden.

Kullmann, Wolfgang 1974: Wissenschaft und Methode. Interpretationen zur aristotelischen Theorie der Naturwissenschaften, Berlin. Entfaltet ausgehend von dem Problem einer Wissenschaft des Konkreten und nur in Materie Wirklichen in den biologischen Schriften das gesamte aristotelische Wissenschaftsverständnis (vor allem anhand der ‚Zweiten Analytiken') und erklärt die verschieden starken Anforderungen von wissenschaftlicher Strenge in den einzelnen Disziplinen. Zeigt insbesondere die Ablösung des Aristoteles vom platonischen Konzept der Einheitswissenschaft zugunsten eines unvermeidlichen Wissenschaftspluralismus.

Patzig, Günther 1959: Die aristotelische Syllogistik. Logisch-philologische Untersuchungen über das Buch A der ‚Ersten Analytiken', Göttingen. Das bis heute international zitierte deutschsprachige Standardwerk zu den Grundbegriffen, spezifischen Leistungen und Problemen der aristotelischen Logik in den ‚Ersten Analytiken', u.a. zur Natur und logischen Notwendigkeit des Schlusses sowie zu den Begriffen des vollendeten Schlusses und der Schlußfiguren.

Weiterführend zu spezielleren Fragen:

Barnes, Jonathan 1969: Aristotle's Theory of Demonstration, in: Phronesis 14, S. 123–152

Beriger, Andreas 1989: Die aristotelische Dialektik. Ihre Darstellung in der Topik und in den Sophistischen Widerlegungen und ihre Anwendung in der Metaphysik M 1–3, Heidelberg

McKirahan, Richard D. Jr. 1992: Principles and Proofs. Aristotle's Theory of Demonstrative Science, Princeton

Menne, Albert und Öffenberger, Niels (Hrsg.) 1982 und 1985: Zur modernen Deutung der aristotelischen Logik, Bd. I–II, Hildesheim/New York.

Sorabji, Richard 1980: Necessity, Cause, and Blame. Perspectives on Aristotle's Theory, London

Ontologie der Kategorienschrift:

Zur Orientierung über die Gesamtthematik besonders zu empfehlen:

Oehler, Klaus (Hrsg.) [2]1986: Aristoteles. Kategorien. Übers. und erläutert von Klaus Oehler, Berlin. Sehr gute Übersetzung und aufwendig gestaltete Erschließung des Inhalts der schwierigen Schrift und der ganzen frühen Ontologie des Aristoteles durch eine ausführliche, alle bis dahin vertretenen Deutungsalternativen der Forschung darstellende Einleitung (auch zum Kategorienproblem als solchen und zur gesamten Wirkungsgeschichte der ‚Kategorienschrift') und durch eine minutiöse Kommentierung mit gesonderten Literaturangaben zu jedem Kapitel. Erschöpfende Bibliographie bis etwa 1982.

Kahn, Charles H. 1978: Questions and Categories. Aristotle's Doctrine of Categories in the Light of Modern Research, in: Questions, hrsg. von H. Hiz, Dordrecht/Boston, S. 227–278. Vorzüglicher Artikel über die Entwicklung und einzelnen Stationen der aristotelischen Kategorienlehre, die durch eine zunehmende Ontologisierung ursprünglich grammatisch-logisch gewonnener Unterscheidungen gekennzeichnet sei. Außerdem eine treffende Kontrastierung des aristotelischen gegenüber dem modernen Kategorienbegriff.

Weiterführend zu spezielleren Fragen:

Frede, Michael 1978: Individuen bei Aristoteles, in: Antike und Abendland 24, S. 16–39

Frede, Michael 1983: Titel, Einheit und Echtheit der aristotelischen Kategorienschrift, in: Zweifelhaftes im Corpus Aristotelicum. Studien zu einigen Dubia. Akten des 9. Symposium Aristotelicum, hrsg. von P. Moraux und J. Wiesner, Berlin/New York, S. 1–24

v. Fritz, Kurt 1931/1972: Der Ursprung der aristotelischen Kategorienlehre, in: F.-P. Hager (Hrsg.) Logik und Erkenntnislehre des Aristoteles, S. 22–79.

Kapp, Ernst 1968: Die Kategorienlehre in der aristotelischen Topik (Habilitationsschrift, München 1920) in: ders.: Ausgewählte Schriften, hrsg. von H. und I. Diller, Berlin, S. 215–253

Metaphysik:

Zur Orientierung über die Gesamtthematik besonders zu empfehlen:

Barnes, Jonathan 1995: Metaphysics, in: The Cambridge Companion to Aristotle, hrsg. von J. Barnes, Cambridge, S. 66–108. Eine gut geschriebene Vorstellung der verschiedenen Ansätze des Aristoteles, das Unternehmen seiner ‚Metaphysik' als bestimmte, eigenständige Wissenschaft zu charakterisieren, die zu einem sehr skeptischen Urteil über ihre Vereinbarkeit gelangt.

Rapp, Christof (Hrsg.) 1996: Aristoteles. Metaphysik. Die Substanzbücher (Z, H, Θ), Berlin. Gibt eine allgemeine Einleitung in die Substanzproblematik und enthält aktuelle Forschungsbeiträge zu den einzelnen Abschnitten des VII. Buches sowie zum Begriff der

Einheit des Konkretums und zum Vermögensbegriff im VIII. und IX. Buch.

Steinfath, Holmer 1991: Selbständigkeit und Einfachheit. Zur Substanztheorie des Aristoteles, Frankfurt a.M. Vermittelt einen sehr hilfreichen Überblick über die kontroversen Deutungsansätze und die gesamte weitverzweigte Forschungslage zum Substanzbegriff des Aristoteles, besonders im VII. und VIII. Buch der ‚Metaphysik'; entwickelt darüber hinaus einen eigenen tentativen Deutungsvorschlag. Mit ausführlicher Bibliographie zum Thema.

Vollrath, Ernst [2]1978: Aristoteles, das Problem der Substanz, in: Josef Speck (Hrsg.), Grundprobleme der großen Philosophen, Philosophie des Altertums und des Mittelalters, Göttingen, S. 84–128. Eine sehr verständlich geschriebene, ersten Überblick gebende Einführung in die Ontologie des Aristoteles und ihre Entwicklung von der ‚Kategorienschrift' zur ‚Metaphysik'; außerdem kurze Hinweise zur übrigen Thematik der ‚Metaphysik'.

Weiterführend zu spezielleren Fragen:

Buchheim, Thomas 1996: Genesis und substantielles Sein. Die Analytik des Werdens im Buch Z der Metaphysik (Z 7–9), in: Aristoteles, hrsg. von Chr. Rapp, S. 105–133

Burnyeat, Myles u. a. (Hrsg.) 1979: Notes on Book Z of Aristotle's Metaphysics, Oxford (zit. als »Londoner Kommentatoren«; nicht im Buchhandel, aber in den meisten Fachbibliotheken in Kopie vorhanden)

Frede, Michael 1990: The Definition of Sensible Substance in Met. Z, in: D. Devereux, P. Pellegrin (Hrsg.): Biologie, logique et métaphysique chez Aristote, Paris, S. 113–129

Gill, Marie Louise 1989: Aristotle on Substance: The Paradox of Unity, Princeton

Hübner, Johannes 2000: Aristoteles über Getrenntheit und Ursächlichkeit. Der Begriff des εἶδος χωριστόν, Hamburg

Jaeger, Werner 1912: Studien zur Entstehungsgeschichte der Metaphysik des Aristoteles, Berlin

Lennox, James G. 1985: Are Aristotelian Species Eternal?, in: A. Gotthelf (Hrsg.): Aristotle on Nature and Living Things. Philosophical and Historical Studies, Pittsburgh, S. 67–94

Liske, Michael-Thomas 1985: Aristoteles und der aristotelische Essentialismus: Individuum, Art, Gattung, Freiburg / München

Oehler, Klaus 1984: Der Unbewegte Beweger bei Aristoteles, Frankfurt a.M.

Tugendhat, Ernst 1958/[4]1988: TI KATA TINOΣ. Eine Untersuchung zu Struktur und Ursprung aristotelischer Grundbegriffe, Freiburg / München

Physik:

Zur Orientierung über die Gesamtthematik besonders zu empfehlen:

Craemer-Ruegenberg, Ingrid 1980: Die Naturphilosophie des Aristoteles, Freiburg / München. Einführende, recht zuverlässige und gut lesbare Gesamtdarstellung der Hauptthemen und zentralen Begriffe der ‚Physik'.

Seeck, Gustav A. 1975: Die Naturphilosophie des Aristoteles, Darmstadt. Wichtige ältere Beiträge zu allen Teilen der aristotelischen Naturwissenschaft, besonders aber zur Methode, den Hauptbegriffen und z.T. kritisch gewürdigten Schwierigkeiten der ‚Physik'. Alle Beiträge in deutscher Sprache. Ausführliche und übersichtlich nach Themen geordnete Bibliographie.

Waterlow, Sarah 1982: Nature, Change, and Agency in Aristotle's Physics. A Philosophical Study, Oxford. Grundlegende Klärung des Begriffs der *physis* als eines immanenten Prinzips der Bewegung in natürlichen Substanzen und überzeugende Explikation der Folgen, die sich daraus für das Konzept einer »Physik« überhaupt bei Aristoteles ergeben; aufschlußreich insbesondere für die Verbindungen zwischen ‚Physik' als Bewegungstheorie und metaphysischer Ontologie und Substanztheorie des Aristoteles.

Weiterführend zu spezielleren Fragen:

Heidegger, Martin 1967: Vom Wesen und Begriff der φύσις. Aristoteles, Physik B 1 (geschrieben 1939), in: ders.: Wegmarken, Frankfurt, S. 309–371

Seidl, Horst 1995: Beiträge zu Aristoteles' Naturphilosophie, Amsterdam 1995

Weiß, Helene 1942: Kausalität und Zufall in der Philosophie des Aristoteles, Basel

Wieland, Wolfgang [3]1988: Die aristotelische Physik. Untersuchungen über die Grundlagen der Naturwissenschaften und der sprachlichen Bedingungen der Prinzipienforschung bei Aristoteles, Göttingen (zuerst 1962)

Über Werden und Vergehen:

Zur Orientierung über die Gesamtthematik besonders zu empfehlen:

Seeck, Gustav Adolf 1964: Über die Elemente in der Kosmologie des Aristoteles. Untersuchungen zu ‚De generatione et corruptione' und ‚De caelo', München. Eine recht kritische Exposition der aristotelischen Theorie der Elementarstoffe und ihrer Verbindung zu gemischten Körpern in den verschiedenen Versionen innerhalb des Œuvres. Nicht sehr entgegenkommend geschrieben für Leser ohne Vorkenntnisse.

Lewis, Frank A. und Bolton, Robert (Hrsg.) 1996: Form, Matter, and Mixture in Aristotle, Oxford. Die dem heutigen Stand der Forschung am meisten entsprechenden Beiträge zum aristotelischen Materiebegriff und seiner Rolle für die Bildung des Konkretums, ferner für die Theorie der Elementarstoffe und das Konzept der Mischung von namhaften amerikanischen Aristotelesforschern.

Weiterführend zu spezielleren Fragen:

Bogaard, Paul A. 1979: Heaps or Wholes: Aristotle's Explanation of Compound Bodies, in: Isis 70, S. 11–29

Bogen, James 1996: Fire in the Belly: Aristotelian Elements, Organisms, and Chemical Compounds, in: Lewis / Bolton (Hrsg.), S. 183–216

Fine, Kit 1996: The Problem of Mixture, in: Lewis / Bolton (Hrsg.), S. 82–182

King, Richard A. H. 2000: Aristotle on Life and Death, London

Tracy, Theodore J. 1969: Physiological Theory and the Doctrine of the Mean in Plato and Aristotle, Amsterdam

Über die Seele:

Zur Orientierung über die Gesamtthematik besonders zu empfehlen:

Cassirer, Heinrich 1932: Aristoteles' Schrift ‚Von der Seele' und ihre Stellung innerhalb der aristotelischen Philosophie, Tübingen. Eine durchgehende, insgesamt sorgfältig gearbeitete Darstellung der aristotelischen Theorie der Seele – ihrer allgemeinen Definition und der einzelnen Seelenstufen bis hin zum Denken – die, weil sie die Aussage des Textes, außer um sie zu erklären, kaum überschreitet, auch heute noch gut zur Orientierung über das Thema gelesen werden kann.

Nussbaum, Martha C. und Rorty, Amélie O. (Hrsg.) 1992: Essays on Aristotle's De Anima, Oxford. Eine unentbehrliche Sammlung aktueller Beiträge von namhaften angelsächsischen Aristotelesforschern zu dem problematischen funktionalen und ontologischen Status der Seele im Ganzen sowie zu den einzelnen Seelenstufen, vor allem dem Wahrnehmungs-, Vorstellungs- und Denkvermögen. Besonders hingewiesen sei auf die zu ihren jeweiligen Fragen grundsätzlich bedeutsamen Beiträge von Burnyeat versus Nussbaum/Putnam (funktionaler Status), M. Frede (Gesamtbegriff), Sorabji (Wahrnehmung), Schofield (Vorstellungsvermögen) und Kahn (Denken).

Weiterführend zu spezielleren Fragen:

Frede, Michael 1992: On Aristotle's Conception of the Soul, in: Nussbaum / Rorty (Hrsg.), S. 93–107

Heinaman, Robert 1990: Aristotle and the Mind-Body Problem, in: Phronesis 35, S. 83–102

Hübner, Johannes 1999: Die Aristotelische Konzeption der Seele als Aktivität in *De Anima* II 1, in: Archiv für Geschichte der Philosophie 81, S. 1–32

Kahn, Charles H. 1992: Aristotle on Thinking, in: Nussbaum / Rorty, S. 359–379

Modrak, Deborah K. W. 1987: Aristotle. The Power of Perception, Chicago

Biologische Schriften:

Zur Orientierung über die Gesamtthematik besonders zu empfehlen:

Gotthelf, Allan und Lennox, James G. (Hrsg.) 1987: Philosophical Issues in Aristotle's Biology, Cambridge. Inzwischen »klassisch« zu nennende Sammlung von Beiträgen der besten angelsächsischen Kenner der aristotelischen Biologie und Naturphilosophie über Rolle und Gesamtstatur der Biologie im Kreis der Wissenschaften bei Aristoteles, ihre Methode im Verhältnis zu den ‚Zweiten Analytiken', die Grundbegriffe von Teleologie und Notwendigkeit sowie das biologische Verständnis von *Form* und *Differenz* im Verhältnis zur Substanztheorie der ‚Metaphysik'.

Kullmann, Wolfgang 1998: Aristoteles und die moderne Wissenschaft, Stuttgart. Das Buch kann über weite Strecken (bes. die Kapitel I und III–IV) als derzeit international kompetenteste und aktuellste Einführung in die biologischen Wissenschaften und überhaupt das Wissenschaftsverständnis des Aristoteles gelesen werden. Da eine Fülle von Bezügen zur modernen Biologie und Naturwissenschaft seit der Neuzeit hergestellt werden, erscheint Aristoteles in einem Licht, das ihn weder als vergangene Weltanschauung abtut, noch als letztgültige Wahrheit der Dinge dem Leser aufzudrängen sucht.

Weiterführend zu spezielleren Fragen:

Föllinger, Sabine 1996: Differenz und Gleichheit. Das Geschlechterverhältnis in der Sicht griechischer Philosophen des 4. bis 1. Jahrhunderts v. Chr., Stuttgart

Gotthelf, Allan (Hrsg.) 1985: Aristotle On Nature and Living Things. Philosophical and Historical Studies, Pittsburgh

Kullmann, Wolfgang 1979: Die Teleologie in der aristotelischen Biologie. Aristoteles als Zoologe, Embryologe und Genetiker, Heidelberg

Nussbaum, Martha Craven 1978: Aristotle's De motu animalium. Text with Translation, Commentary, and Interpretative Essays, Princeton (darin: Aristotle on Teleological Explanation, S. 59–99)

Preus, Anthony 1975: Science and Philosophy in Aristotle's Biological Works, Hildesheim

Ethik und Politik:

Zur Orientierung über die Gesamtthematik besonders zu empfehlen:

Bien, Günther 1973: Die Grundlegung der politischen Philosophie bei Aristoteles, Freiburg / München. Eine ziemlich anspruchsvoll geschriebene, aber komplette und konsequente Darstellung der Prinzipien der Politik nach Aristoteles mit starker Akzentuierung der Trennung zwischen dem spezifisch politischen Bereich einerseits und dem der Ökonomie und Individualethik andererseits; hier sicher von Hannah Arendt inspiriert.

Höffe, Otfried 1971: Praktische Philosophie. Das Modell des Aristoteles, München / Salzburg (Berlin ²1996). Eine philosophisch überzeugende, überall an Aristoteles' praktischer Philosophie maßnehmende Beschreibung des sittlichen Handelns unter Bedingungen der Freiheit; auch zu den wichtigsten Themen der Nikomachischen Ethik findet der Leser immer klare und gut lesbare Auskunft.

Höffe, Otfried (Hrsg.) 1995: Aristoteles, Die Nikomachische Ethik, Berlin. Nach Standards der heutigen Forschung verfaßte Original-Beiträge, die sämtliche wichtigen Themen der Nikomachischen Ethik der Reihe nach abhandeln.

Rorty, Amélie O. (Hrsg.) 1980: Essays on Aristotle's Ethics, Berkeley / Los Angeles / London. Mit den für das heutige Verständnis von Aristoteles' praktischer Philosophie grundlegenden Beiträgen von führenden angelsächsischen Philosophen und Aristotelesforschern, u. a. Ackrill, Burnyeat, Irwin und Nagel.

Weiterführend zu spezielleren Fragen:

Bien, Günther 1995: Gerechtigkeit bei Aristoteles, in: Höffe (Hrsg.), Aristoteles, Die Nikomachische Ethik, S. 135–164

Buchheim, Thomas 2000: Wohlberatenheit und die Rolle des *logos* für die Vortrefflichkeit des Menschen. Zur rhetorischen Anthropologie des »Maßes der Dinge«, in: J. Kopperschmidt (Hrsg.): Rhetorische Anthropologie. Studien zum Homo rhetoricus, München, S. 113–133

Höffe, Otfried 1995: Ethik als praktische Philosophie – Methodische Überlegungen, in: ders. (Hrsg.): Aristoteles, Die Nikomachische Ethik, S. 13–38

Kenny, Anthony 1992: Aristotle on the Perfect Life, Oxford
Meikle, Scott 1997: Aristotle's Economic Thought, Oxford
Rapp, Christof 1995: Freiwilligkeit, Entscheidung und Verantwortlichkeit, in: Höffe (Hrsg.): Aristoteles, Die Nikomachische Ethik, S. 109–133
Ricken, Friedo 1976: Der Lustbegriff in der Nikomachischen Ethik des Aristoteles, Göttingen
Ritter, Joachim 1967/1977: »Politik« und »Ethik« in der praktischen Philosophie des Aristoteles, in: ders.: Metaphysik und Politik. Studien zu Aristoteles und Hegel, Frankfurt a. M. 1977, S. 106–132
Salkever, Stephen G. 1990: Finding the Mean. Theory and Practice in Aristotelian Political Philosophy, Princeton

Poetik und Rhetorik:

Zur Orientierung über die Gesamtthematik besonders zu empfehlen:

Fuhrmann, Manfred 1992: Dichtungstheorie der Antike. Aristoteles – Horaz – »Longin«. Eine Einführung, Darmstadt. Vorzügliche und ausführliche Darstellung der Dichtungstheorie des Aristoteles (S. 1–110); dazu eingehendere Untersuchungen zu den zentralen Begriffen der *mimēsis*, der *katharsis* und der tragischen Affekte mit ihrer jeweiligen Vorgeschichte.
Halliwell, Stephen 1986: Aristotle's Poetics, London (with a New Introduction by the Author, Chicago UP ²1998). Das englische Standardwerk zur aristotelischen Poetik; grundlegend für die heutige Forschung zur aristotelischen Dichtungstheorie und allen relevanten Begriffen.
Rorty, Amélie O. (Hrsg.) 1996: Essays on Aristotle's Rhetoric, Berkeley/Los Angeles/London. Im Augenblick die wichtigste wissenschaftliche Publikation zur ‚Rhetorik' mit Beiträgen von namhaften angelsächsischen Gelehrten vor allem zur Werkstruktur, dem Begriff des Enthymems, der Beziehung zur Ethik und Politik, zur Affektenlehre und Metaphorologie.
Sprute, Jürgen 1982: Die Enthymemtheorie der aristotelischen Rhetorik, Göttingen. Nach einer allgemeineren Einleitung in Aufgabe und Gattungen der Rhetorik eine wissenschaftlich anspruchsvoll ge-

schriebene, aber in ihren Ergebnissen sehr zuverlässige Untersuchung der Theorie des rhetorischen Schlusses (Enthymems) nach Aristoteles, seinen verschiedenen Formen und Anfechtungsmöglichkeiten sowie der damit verbundenen rhetorischen Toposlehre in der ‚Rhetorik'.

Weiterführend zu spezielleren Fragen:

Cessi, Viviana 1987: Erkennen und Handeln in der Theorie des Tragischen bei Aristoteles, Frankfurt a. M.

Flashar, Hellmut 1956: Die medizinischen Grundlagen der Lehre von der Wirkung der Dichtung in der griechischen Poetik, in: Hermes 84, S. 12–48

Goethe, Johann Wolfgang 1827/1977: Nachlese zu Aristoteles' Poetik, in: Sämtliche Werke, hrsg. von E. Beutler (Artemis-Ausgabe), Bd. 14, Nachdr. München

Kommerell, Max 1940/[4]1970: Lessing und Aristoteles. Untersuchungen über die Theorie der Tragödie, Frankfurt a. M.

Lessing, Gotthold Ephraim 1768/69: Hamburgische Dramaturgie, in: Werke, hrsg. von H. Göpfert, Bd. 4, München 1973

Schadewaldt, Wolfgang 1955/[2]1970: Furcht und Mitleid?, in: ders., Hellas und Hesperien, Bd. 1, Zürich, S. 194–236

Wörner, Markus H. 1990: Das Ethische in der Rhetorik des Aristoteles, Freiburg / München

Sonstige:

Arendt, Hannah 1981: Vita activa oder Vom tätigen Leben, München / Zürich.

Buchheim, Thomas 1986: Die Sophistik als Avantgarde normalen Lebens, Hamburg

Buchheim, Thomas 1994: Die Vorsokratiker. Ein philosophisches Porträt, München

Einstein, Albert 1916: Über die spezielle und die allgemeine Relativitätstheorie. Gemeinverständlich, Braunschweig

Heisenberg, Werner 1942: Wandlungen in den Grundlagen der Naturwissenschaft. Sechs Vorträge, Leipzig

König, Josef 1978: Bemerkungen zum Begriff der Ursache, in: ders., Vorträge und Aufsätze, hrsg. von Günther Patzig, Freiburg / München, S. 122–255

Sambursky, Samuel 1965: Das physikalische Weltbild der Antike, Zürich / Stuttgart (zuerst hebräisch 1956)

Vorsokratiker (**DK**): Die Fragmente der Vorsokratiker, griechisch und deutsch von H. Diels, hrsg. von W. Kranz, Bd. I und II, Berlin [6]1951–52, Nachdr.

Index

Menschen und Ideen, die unsere Welt verändert haben

Wilhelm Geerlings
Augustinus

Augustinus gilt vielen als der „erste moderne Mensch". Seine Grundgedanken werden im Zusammenhang seiner bewegten Biographie deutlich.

Martin Gessmann
Hegel

„Was vernünftig ist, ist wirklich, und was wirklich ist, das ist vernünftig." Seine Denkmethode, die auch sehr komplexe Sachverhalte zu fassen vermag, bleibt bis heute aktuell.

Klaus Fischer
Einstein

Mit seiner Relativitätstheorie hat er unser Weltbild revolutioniert. Stationen im Leben des großen Physikers und charismatischen Pazifisten und die Bedeutung seiner grundlegenden Einsichten.

Michael Bordt
Platon

Eine prägnante Einführung in Platons Ideen, in Hintergründe und Konsequenzen seines Denkens und eine kleine Einleitung ins Philosophieren überhaupt.

Vittorio Hösle / Christian Illies
Darwin

Darwin hat das Bild des Menschen von sich selbst, von der Weltordnung und vom Leben revolutioniert. Eine Einführung in Darwins Leben und Werk, die die bleibende Relevanz, aber auch die Grenzen seiner Ideen aufzeigt.

HERDER / SPEKTRUM

Anthony Stevens
C. G. Jung

C. G. Jungs Tiefenpsychologie ist zum festen Bestandteil unseres Denkens über die menschliche Seele geworden. „Sehr gelungen und ausgewogen. Etwas vom Besten, was ich je von Jung in dieser Kürze gelesen habe“ *(Verena Kast)*.

Tom Sorell
Descartes

Sein Satz „Ich denke, also bin ich“ war epochemachend. Er gilt als Vater neuzeitlichen Denkens.

Ernstpeter Maurer
Luther

Martin Luther hat unser Verständnis von Freiheit, Vernunft, Gnade und Glauben bis heute geprägt und unsere Wirklichkeit nachhaltig verändert.

Anthony Kenny
Thomas von Aquin

Thomas von Aquin hat die Stellung des Menschen in der Schöpfung neu bestimmt und Antike und Christentum in einer einzigartigen Synthese zusammengedacht.

C. C. W. Taylor
Sokrates

Ohne Sokrates hätte sich das westliche Denken anders entwickelt. Aufgrund seiner moralischen und intellektuellen Integrität gilt er bis heute als Idealtypus des philosophischen Lebens.

HERDER / SPEKTRUM

Richard Tuck
Hobbes

Überraschende Aspekte eines großen politischen Denkers – die spannende Einführung in das Leben eines der wichtigsten Philosophen der frühen Neuzeit.

Stillman Drake
Galilei

„Und sie bewegt sich doch", dieser Satz machte Galileo Galilei weltberühmt – und zum Ketzer.

Michael Tanner
Nietzsche

Mit Sätzen wie „Gott ist tot" formulierte Friedrich Nietzsche einen Nihilismus, dessen Auswirkungen auf das 20. Jahrhundert immens waren. Ein „Erdbeben" seiner Epoche (Gottfried Benn).

A. C. Grayling
Wittgenstein

Wittgensteins originelles und faszinierendes Denken reichte weit über die Grenzen der Philosophie hinaus und machte weltweit Schule. Eine glänzende Einführung, „fundiert und klar" *(Times)*.

Roger Scruton
Kant

Immanuel Kants Philosophie begründete eine neue Sicht des Menschen. Was Freiheit, Vernunft, Moral, was objektiv und wirklich ist – Kant bleibt die Schlüsselfigur modernen Denkens.

HERDER / SPEKTRUM

Anthony Storr
Freud

„Wir alle »sprechen« Freud, ob korrekt oder nicht. Er ist und bleibt unvermeidlich“ (Peter Gay).

Michael Inwood
Heidegger

Der einflußreichste deutsche Denker des 20. Jahrhunderts: Martin Heidegger hat die menschliche Existenz in der modernen technikbestimmten Welt grundlegend neu gedacht.

Robert Wokler
Rousseau

Jean-Jacques Rousseau – eine zentrale Gestalt der europäischen Aufklärung und auch ihr gewaltigster Kritiker. Ein mächtiger Denker, Pädagoge und immer noch aktueller Gesellschaftskritiker.

Iring Fetscher
Marx

Mit seinen Analysen und Visionen wurde Karl Marx zum Vordenker moderner Revolutionen. Seine Fragen zu Gesellschaft und Individuum, Ökonomie und Arbeit sind unverändert aktuell.

HERDER / SPEKTRUM